読書家の時間

自立した読み手を育てる教え方・学び方
【実践編】

プロジェクト・ワークショップ 編

新評論

はじめに

　現在、「読む力」の必要性があらゆるところで叫ばれています。もちろん、教師の誰もが子どもに読む力をつけたいと思っています。それが理由なのでしょうか、日本中の学校に「朝の読書」や保護者ボランティアなどによる「読み聞かせ」が広まりました。おそらく、こうした読書の活動が行われていない学校はないと言えるでしょう。

　一方で、教師は次のような悩みをかかえています。国語の授業は難しい。特に「読むこと」「読解」の授業がうまくいかない。楽しくならない。時間がない。「教科書を教える」ことが当たり前になってしまっている。何かが違うのではないか。でも、どうしたらよいかが分からない……。必死に、授業改善のための模索を続けているのです。

　その結果、本当に子どもたちの読む力は伸びたのでしょうか？　また、私たち教師は、本当に子どもたちの読む力を伸ばすことができているのでしょうか？

　・どうしたら、子どもの読む力は伸びていくのだろうか。
　・どうしたら、教師から与えられて本を読むのではなく、自ら進んで読み、自ら読書の楽しさを味わう子どもに育つのだろうか。

　このような大きな疑問を抱えていた私たちは、「リーディング・ワークショップ」という教え方・学び方に出合いました。

ルーシー・カルキンズ／吉田新一郎・小坂敦子訳、新評論、2010年

アメリカの多くの学校で毎日行われている「リーディング・ワークショップ」には、「自立した読み手を育てる」という大きなテーマがあります。私たちは、この方法が子どもの主体性を大切にしていることに魅力を感じたのです。また、『リーディング・ワークショップ』に描かれている子どもたちや先生たちの様子に、大きく心を動かされました。

日本とアメリカでは、一つの教室における子どもの人数、教室環境、教育課程など、違いを挙げればきりがないほど教育環境が違っています。時間の確保はどうしたらよいのか、教科書を中心に進められる国語の授業のあり方との整合性はどのように図っていくのか、評価はどのようにしていくのかなど、悩みに悩みながら実践を進めてきました。

しかし現在、私たちの日本の教室でも、確実に読む力が伸びた子どもたちや本好きの子どもたちが育ってきています。

自ら進んで本を読み、自ら学ぶ子どもに育てるために大切なエッセンスが含まれているこの教え方・学び方から、私たち日本の教師が学ぶことはたくさんあります。私たちの実践をもとにして、「日本版リーディング・ワークショップ」としてまとめたものが本書です。現在の公立学校の現状のなかでも実践が可能であり、若い先生でもベテランの先生でも、誰でも挑戦してもらえる教育実践であると確信しています。この「日本版リーディング・ワークショップ」を、私たちは「読書家の時間」と呼ぶことにしました。

私たちプロジェクト・ワークショップの教師たちは、読むことと書くことのつながりも大切にしています。書くことについては、『ライティング・ワークショップ』

を読み込んで学びました。その教え方を、日本の小学校で実際に実践した「日本版ライティング・ワークショップ」は『作家の時間』として2008年に新評論から出版されています。

　すでに、「作家の時間」を実践されている方々からは、「日本の教室で、どうやって『読書家の時間』を実践すればよいの？」とよく尋ねられます。本書の出版によって、その質問に対する回答例が出せたことを嬉しく思っています。そして本書が、開かれた例やヒントとして活用され、各地で実践が広まり、深まっていくことを願っています。

　絵本の名作『てん』でよく知られているピーター・レイノルズは、その著書『ほしをめざして』（36ページ）のなかで以下のように言っています。

　「どこへ　いきたいのか、じぶんのこころに　きいてごらん。
　　そして、きみが　もうしっている　みちしるべに、したがえばいい」

　読書家の時間は、学びたい気持ちや知的好奇心に満ちた子どもたちと、そんな子ども一人ひとりの期待にこたえる時間や空間をつくり出したいという教師の夢が、縦糸と横糸になっているように思います。
　この教え方・学び方で、本が好きな子ども、本でつながる子どもたちが育つことを信じています。

　　　　　　　　　　　　　　　　　　　　　　プロジェクト・ワークショップ

もくじ

はじめに　i
プロローグ――「読書家の時間」で学ぶ教室から　3

第1章　最初の10時間　9

1　5年生の最初の10時間　9

- 1時間目　図書コーナーをつくろう　9
- 2時間目　本を紹介しよう　10
- 3時間目　教師の読書体験を大公開！　11
- 4時間目　30分間、読書に夢中になろう　12
- 5時間目　読書ノートを書き始めよう　13
- 6時間目　こうやって本を選んでみよう
　　　　　――教師の選書テクニック大公開！　14
- 7時間目　教師の本の読み方大公開！
　　　　　――様々な読み方があることを教える　14
- 8時間目　ゴールデンウィークは読書ジョギングに挑戦！　16
- 9時間目　ゴールデンウィークの前に読書の達人の公開グループインタビュー　17
- 10時間目　ペアで本を読もう　18

2　1年生の最初の10時間　20

- 1時間目　教室の本の世界を探検してみよう！　20
- 2時間目　題名を見て、それから中をパラパラと見て選書する　20
- 3時間目　読むことを楽しむために、読みたい場所で読もう　22
- 4時間目　「ぴったりの本」を探す前の「スラスラ本」をどんどん読もう　22

- ⑤時間目　読んだ本からお気に入りのところを探す　23
- ⑥時間目　「お気に入りぺったんこ」探し（付箋を付ける）　25
- ⑦時間目　イメージしながら読もう——頭の中にテレビができた　26
- ⑧時間目　読書家の時間の1時間の流れ　27
- ⑨時間目　自分にぴったりの本を探すには　28
- ⑩時間目　考え聞かせで読み手のしていることを体験する　30

第2章　読書環境をつくろう
——読書家の時間をサポートする環境づくり　33

1　本などの必要なものを揃える——教室内のハード面　33
- ① 教室内に図書コーナーをつくる　34
- ② 掲示物　38
- ③ しおりと付箋　40
- ④ 読書ノート　42
- ⑤ 個人フォルダー　42

2　人とのかかわりを活かす——教室内のソフト面　44

3　保護者や大人のかかわりを活かす——教室外のソフト面　46
- ① 保護者との様々なかかわりを増やす　46
- ② 保護者との読み聞かせ交換ノート　48
- ③ 同学年・異学年との交流　49

4　そして、自立した読み手へ——教室外のハード面　51
- ① 保護者の協力を得て本を集める　51
- ② 公共図書館の利用　52

読書家の時間の1時間の流れ　　57

第3章 ミニ・レッスン
——教師が全員にしっかり教える時間　　59

1 ミニ・レッスンの実践例　60

① 読書生活をつくり出すミニ・レッスン（3年生）　60
② 年間計画から生まれるミニ・レッスン（5年生）　63
③ カンファランスから生まれるミニ・レッスン（2年生）　66
④ 共有の時間から生まれるミニ・レッスン（4年生）　70

2 6年生の子どもたちの声
——1年間続けてミニ・レッスンを受けて　73

3 ミニ・レッスンの目的別の分類　74

① 目的に応じた幅広い読書をするミニ・レッスン　75
② 効果的な読み方を使って解釈や理解を深め、広げるミニ・レッスン　75
③ 本や文章を読んで、考えたことを交流するミニ・レッスン　77

第4章 カンファランス　　83

1 カンファランスとは　83

2 絵ばかり見て、文字を読んでいないあゆみさん（1年生）へのカンファランス　84

3 カンファランスと一斉授業の違い　86

|4| 個別カンファランスだからこそ伸びていった
木下くんと沢木さん（5年生） 88

|5| 子どもの実態と指導を重ねあわせる 95

|6| 対話を重ねるカンファランス 96

|7| 選書に課題のある子どもたち（4年生）への
グループ・カンファランス 98

|8| カンファランスで子どもと対話をする 102

|9| 教師が読んでいない本でもカンファランスはできる 103

|10| カンファランスは子どもの成長が感じられる教え方 105

第5章 共有の時間　　107

|1| ペアで共有する（6年生） 108

|2| 年度初めの共有の時間（3年生） 110

|3| みんなで読んだ本を共有する（1年生） 111

|4| 「詩人の椅子」で読んだ詩を共有する（4年生） 112

|5| 共有の時間のバリエーションとその効果 113
　① 共有のバリエーション　114
　② 共有の時間の効果　116

第6章 ガイド読み　121

- **1** ガイド読みとは　121
- **2** 低学年へのガイド読み──『はらぺこあおむし』を使って　122
- **3** 高学年へのガイド読み──『エンデュアランス号大漂流』を使って　128
- **4** ガイド読みの特徴　132

第7章 友達同士で読む　133

- **1** 本の紹介　133
  - ① スピーチによる紹介　135
  - ② がんばりフォルダー　136
  - ③ 本の紹介文・紹介カード　136
- **2** 本について話し合う　138
  - ① ペア読書　139
  - ② 読書パートナー　142
  - ③ ブッククラブ　144
  - ④ 大人のブッククラブのすすめ　153

第8章 評価　157

1. 評価観を変える　157
2. 対話での評価が有効な横田くん　158
3. 子どものための評価　161
4. ポスターでの評価が有効だった高島くん　162
5. 多様な評価方法で子どもを伸ばす読書家の時間　164
6. 自己評価力を育てる　164
7. 目標設定で意欲的に読むようになった中沢くん　165
8. 自己評価しながら成長し続ける子どもたち　167
9. 進んで行える楽しい評価　168

第9章 年間計画　173

1. 年間計画づくりのベース　174
   ① 作家の時間の経験　174
   ② 「逆さま計画」と「ユニット」　175
   ③ 学習指導要領と教科書　176
2. 年間計画を立てる　181

| 3 | 時間を確保する | 188 |
| 4 | 年間計画の調整 | 189 |

第10章 教師の変容　191

コラム　子どもの変容
- ① アンケート結果から見た読書家の時間への子どもたちの反応　19
- ② 本嫌いから本好きになった高谷くん（5年生）　32
- ③ 保護者にも伝わった若南さんの成長（3年生）　54
- ④ グループ・インタビューから分かる子どもたちの成長　119
- ⑤ ブッククラブを通して読み手として成長した理香さん（6年生）　155
- ⑥ 教師が変わることで子どもが変わる（2年生）　201

あとがき　203

- 資料1　読書家の時間 Q&A 集　207
- 資料2　「読むこと」のアンケート　213
- 資料3　優れた読み手が使っている方法（低学年用）　215
- 資料4　優れた読み手が使っている方法（高学年用）　217
- 資料5-1　ブッククラブで使えるシート1　219
- 資料5-2　ブッククラブで使えるシート2　220
- 資料5-3　ブッククラブで使えるシート3　222
- 資料5-4　ブッククラブで使えるシート4　223
- 資料6　めざせ！　読み読みマスター　チェックシート（低学年）　225
- 資料7　小学校学習指導要領国語科「読むこと」領域とリーディング・ワークショップとの比較　228

| 資料8 | 読書家の時間の年間計画（6年生） | 232 |
| 資料9 | 「読書家の時間」おすすめ本リスト | 236 |

プロジェクト・ワークショップとは　248

《シリーズ・ワークショップで学ぶ》

読書家の時間
——自立した読み手を育てる教え方・学び方【実践編】——

プロローグ──「読書家の時間」で学ぶ教室から

　ゆきさんが話し始めました。とても真剣な目をしています。
　ゆきさんのブッククラブのチームは、本の世界から進み出て、今年一緒に過ごした仲間に自分自身の内面を伝えたい、そんな気持ちに満ちていました。
「だからさ、本当の友達をつくるっていうのは、すごく難しいことなのかもしれない。こういう友達って、私にとっては誰なんだろうって考えてしまうから」
　このチームは、確かに本について話し始めました。けれども、本に書かれていることとこれまでの楽しかった思い出とが重なりあい、ゆきさんは自分自身を表現していました。
　仲間とは何か、友達とは何かについて真剣に語り合っています。読書家の時間で培った力と教室の仲間と笑ったり泣いたりした時間が重なって、ゆきさんの言葉となってあふれていました。
　にぎやかな雰囲気ではありません。静かに語り合っていました。そこには、ゆるみは感じられません。
　周りを囲む４人の子どもたち。仲良しというわけではなく、仲が悪いというわけでもない、この本が読みたいと思って自然に集まったグループでした。その４人が、ゆきさんの話を聞くために集中していました。

　教師である私は、読書家の時間のなかで、こんな子どもの姿と出会えるなんて思ってもいませんでした。本を読んで話し合うということを軽く見ていたのかもしれません。隠されていた子どもたちの力に驚きました。
　この１年間の読書家の時間で、どれほど子どもたちの輝く姿を見てきたでしょうか。
　本を読むことが、これほどまでに子どもたちの瞳を輝かせるなんて……。
　私は、早朝の誰もいない教室の、たくさんの本に囲まれた図書コーナーの一画で、

読書ノートで学び合う子どもたち

　子どもたちの読書ノートを広げました。先週読んだ、お気に入りの本について書かれています。心から本を楽しんでいることが、ノートを開いただけで分かります。
　好きな登場人物がかっこよくポーズをとっている絵、読みたい本を見つけ切り抜いた新聞記事、面白さを表した五つの星……どのノートにも、その子らしさを見つけることができます。
　子どもたちが教室に入ってくる音がします。
「あの本、どこまで読んだ？」
「まだ２巻目だよ」
「あれ、最後、本当にいいぞ！　つまりさあ……」
　私が読み終えた本の話をするのと同じように、子どもたちは気持ちよく本の話をしていました。
　私は知っています。その本を読んで、彼は自分の部屋でこっそり涙したことを。お母さんがうれしそうに話していました。

プロローグ——「読書家の時間」で学ぶ教室から　5

熱心に語り合う子どもたち

「本をこんなに楽しめるようになったんだなって。成長しました」と。
　習い事で忙しくなってきた放課後の時間を使っても彼は本に夢中になり、友達に話したくて仕方がないのです。
　お気に入りの本の力には何度も驚かされました。お気に入りの本は、放課後の時間をいくら使っても惜しくないほどに子どもを熱中させます。
　読書家の時間は、大好きな本に出合えるチャンスを至る所に散りばめて、子どもたちを心から本に夢中にさせるのです。

　今までの授業は、教師である私が主人公でした。子どもたちが私にあわせてくれていたのです。いい子どもたちでした。だからこそ、それに気付きませんでした。私の願いを実現させるための、私のための授業だったのです。
　読書家の時間は、それとは違います。子どもたちが主役です。本でつながる友達のために、本で実現させる夢のために、本で変わる生き方のために。そして、教師

の行動すべては子どもたちの成長のためにあるのです。

　私が価値を感じていること、それをそのまま子どもたちに手わたします。他人の言葉には頼りません。それでは、自分の言葉でなくなってしまうからです。

　毎回、授業の初めに行う「ミニ・レッスン」は、自分の体験してきた価値あることを子どもたちに真摯に手わたす時間です。子どもたちはしっかりと受け取ります。子どもにあわせるのは、教師である私のほうなのです。あとは、子どもたちが考え始めます。

　そして私は、子どもたちと対話を始めます。そう、読みたいものが読めるように、時間を大切に使えるように、本で友達とつながることができるように、自分の目標を実現できるように、本を素敵に紹介できるように、無理をしないように、ますますチャレンジできるように。

　驚くことがたくさんありました。私が紹介した学び方を、子どもたちはすぐに自分のものにしてしまうのです。そして、私以上のことをやってのけてしまうのです。「先生はね、赤いボールペンで線を引きながら読むようにしているんだ。借りた本ならば、付箋を貼るようにしている。それはね、その本と出合ったことは本当に嬉しいことで、偶然がくれた自分を成長させるチャンスだから、本を少しでも自分のものにしようとするんだ。だから、本を赤いボールペンで自分のものにする。売りたいから汚さないなんて考えないんだ。

　私たちはすぐに忘れてしまうね。けれど、書いたら残る。だから、心が動いたら

付箋が貼られた本

すぐにそれを言葉にするんだ。その言葉を読んだ時、また心が沸きあがる。言葉は心を留めておける缶詰なんだ。だから、すぐに言葉に残す。みんなもやってごらん」

　私は、子どもたちよりも少しだけ長く読むことを経験しているから、自分がやってきたことから本当に役に立つと思えることを、本物の体験と言葉で伝えられます。そんなことを伝えると、子どもたちはやってみようと心が動きます。そして私は、子どもたちに追い越されていきます。
　子どもの伸びようとする姿が嬉しくて、どんどん後押ししたくなるのです。子どものチャレンジしたことにもっとよいアドバイスを送り、もっと前向きになれる声をかけていきます。一人ひとりに寄り添って。
　以前の私は、誰かが大切だと言ったことを、みんなにうまく教えることができる教師がよい教師だと思っていました。本当は、それを大切だと思っていないのに、大切に思っている振りをしていたことに気付かずに。

　子どもたちは、陽を浴びる草木のように自分の芽を伸ばそうとし、それぞれがその子らしい花や実をつけていきました。教師が芽をつまみ、無理に引き伸ばすことはしなくてよかったのです。
　子どもたちの個性が、目に入ってくるようになりました。
　子どもたちの学びたいという気持ちを感じられるようになりました。
　こんなにも子どもたちは自分の力を伸ばしたいと思っていたなんて。見えている世界が一瞬にして広がっていきました。そして、少しだけ心が楽になりました。伸びゆく子どもに付いていけばいいかな、と。
　読書家の時間は万能ではありません。大変なこともたくさんありますが、あの子どもたちの輝く個性と伸びようとする意欲にふれてしまうと、もうひとがんばりしてみようと思えてくるのです。
　あの子の充実感に満ちた表情をもう一度よく見てみたい。
　あの子の真剣な語りにもう一度耳を傾けたい。

　ゆきさんは、振り返りに次のように書きました。

ブッククラブでの様子

「本について話すって、こんな感じなんだと思った。今までの話し合いは、話し合いではなかったかもしれない」

　ゆきさんは、もう自分から成長していける読み手になりました。教師に寄りかからず、夢を自ら拓いていける学び手になりました。読書家の時間のある教室には、そんな子どもたちがキラキラと輝き始めています。

第1章 最初の10時間

　読書家の時間は、どんなふうにスタートするのでしょうか。その始まり方は、教室の数だけあると言えます。例えば、教室の本棚のあり方一つとってみても、最初の時間に子どもたちと一緒に本棚を設置したり、本の並べ方を考えたりする教師もいれば、子どもが選びやすいような配置を考えて、本をあらかじめ並べておく教師もいます。その始まり方には、様々なバリエーションがあるのです。

　ここでは、5年生と1年生の教室における最初の10時間の様子を紹介しながら説明していきます。あくまでも例であり、この通りに始めなくてはならないということではありません。ここから、自分の教室に応用できるところを考えていただければと思います。まずは、5年生の教室をのぞいてみましょう。

1 5年生の最初の10時間

1時間目　図書コーナーをつくろう

　まずは、教室の環境づくりからスタートします。4月の初め、教室の中には紐で結んだ300冊の本と図書コーナー用のスペースがあるだけです。ここから、図書コーナーを見ただけで、「面白そう！」と思わず本を手にとってしまうような空間をつくっていきます。

「子どもたちと一緒につくる」というのがポイントです。一緒に図書コーナーづくりに加わることで、このスペースが自分たちのものであるということが実感できます（第2章「読書環境」の34〜38ページ参照）。

「さあ、みんなで教室をつくろう！」と言って始めるわけですが、すべてのことを子ども任せにするわけではありません。教師は、自分の希望や願いを子どもたちに伝えます。例えば、「低い本棚には座布団を敷いて、ベンチのように使いたい」や「同じシリーズや似ているジャンルのものは近くに置きたい」などの注文を出します。そうすると子どもたちは、教師のリクエストをふまえて自ら工夫をしながら図書コーナーをつくっていくはずです。

1時間目の終わりには、「明日はお気に入りの本を紹介してもらいたいから、何か1冊持ってきてね」と言って、この時間を終了します。

2時間目　本を紹介しよう

2時間目、子どもたちはお気に入りの本を1冊持って教室にやって来ます。授業が始まる前から本の紹介をしている子どもたちもいるぐらいですから、それだけ本の紹介を楽しみにしていたのでしょう。なかには、シリーズ全部を持ってきたという強者（つわもの）もいます。

もちろん、忘れてしまった子どもや、1冊も選べなかった子どももいます。本を忘れてしまっても、自分の好きな本が頭の中にある場合は、その内容を思い出しながら口頭で紹介をすることもできます。自分の好きな本がなかった子どもの場合、友達の紹介を聞いて感想を言うというのも立派な学習ですから、本を持ってこなかったことを強く咎めることはしません。

クラスができたばかりなので、一人の発表をみんなで聞くような紹介はまだ早いでしょう。ペアに分かれて、リラックスした雰囲気で、「紹介役」と「聞き役」になるようにします。ペアで紹介が終わったら、また別の友達とペアになれるように、列をずらしていきます。

何度かペアを入れ替えるうちに、紹介の仕方も上手になっていきます。子どもたちは、新しい友達を迎え入れるように、話を聞いていました。何回か終わったら、

第1章　最初の10時間　11

ペアで本の紹介をしている子どもたち

列を崩してもう一度ばらばらに列をつくります。こうすると、まだペアになっていない友達と、また本の紹介をすることができます。

　子どもたちの本の紹介がスムーズに行えるように、最初に教師が見本を示すことをおすすめします。あまり長くならないように、あらすじや登場人物の紹介、簡単な感想、作者の紹介などを入れてコンパクトにまとめ、紹介のあとでは質問や感想などが自由に言えることも伝えます。

3時間目　教師の読書体験を大公開！

　3時間目は、教師自身がいかに楽しくて充実した読書人生を送っているかを子どもたちに伝えます。今月、教師が読んだ本を簡単に紹介し、読書ノート代わりにつけている手帳を見せて、読書を楽しんでいることを子どもたちに実例として示します。
　読みたい本のリストや自宅のお気に入りの本棚の紹介、片道20分の通勤の間に読

むことや喫茶店でコーヒーを飲みながらゆっくりと読むこと、1週間に一度は図書館に行くことや寝る前に子どもに必ず絵本を読んであげることなど、読書が生活の一部であることを写真などを交えて楽しく話します。

　こんなことを話しているとうずうずしてくるようで、自分のことを話したい子どもが出てきます。本によって生活が楽しくなった経験がある子どもには、その内容を簡単に文章にしてもらいます。この体験談が、このあとに予定している9時間目の公開グループインタビューにつながります。

　この日は、教師の読書体験を10分ぐらいで紹介したあと、読みたい本をひたすら読む時間にします。この時点では読みたい本に没頭できない子どももいますが、決してあせらなくてもよいことを伝えます。読むことの楽しさが広がっていくにしたがって、そのような子どもにもスイッチが入っていくからです。

4時間目　30分間、読書に夢中になろう

　子どもたちのことが少しずつ分かってきたところで、そろそろ「ミニ・レッスン→ひたすら読む時間→共有の時間」という読書家の時間における1時間の流れ（57〜58ページ参照）を意識しながら進めていく時期となります。この時間のミニ・レッスンで、また教師自身の体験を話します。

　本に没頭しすぎて、最寄り駅で降りることを忘れて次の駅まで行ってしまったことなどです。面白くて、面白くて、本にのめり込んでしまうと周りの景色や電車の中のアナウンスに気付かないほど集中してしまって、気付いたら隣の駅だったという話です。この、周りの状況がまったく分からなくなるぐらいのめり込む状態のことを「フロー」と呼ぶことも教えます。

　フローになるためには、リラックスすること、自分が集中できる環境を自らつくること、読みたい本を読んでいることなどが必要であることを伝えたあと、電車の中や喫茶店などといったある程度人目のある場所のほうが集中できたという経験を話します。人によって違うでしょうから、子どもたち自身がフローの状態になるためにはどんな環境が必要なのかを自分で考えることが大切です。

　次に、「これからの30分間、フローの状態を目指そう」と子どもたちに話します。

30分間というのは、家庭における読書時間の一つの目安ともなります。

　共有の時間に、子どもたちにフローになれたかどうかを尋ねてみると、ちらほらと手が挙がりました。そのため、近くの友達と自らのフロー体験について話をしあうようにしました。また、フローになれたという子どもには今の気持ちを聞いて、その体験をクラスのみんなと共有してもらいます。

　最後に、「学校でも家庭でも、一日30分間読書をする」という目標を提示しました。そして、次の時間には読書ノートを導入したいと考え、一般的なＢ５版の横罫ノートを準備するように伝えて、この時間を終了します。

5時間目　読書ノートを書き始めよう

　このあたりまで来ると、子どもたちは自分の読書ノート（42〜43ページを参照）を用意して、これから行う教師の説明を心待ちにしています。ノートは、高学年ならば一般的な横罫の入ったＢ５版のノートや５ミリ方眼のノートでよいでしょう。

　読書ノートには、読書にまつわることであれば基本的に何を書いても、何を貼っても構いません。ノートに何かを書くこと自体が目的なのではなく、あくまでも自分の「読み」を助けるためのサポートツールなのです。そのことを子どもたちにはっきり示すために、教師自身の読書ノートや、これまで担任した子どもたちが書いた読書ノートの現物や写真などを見せます。

　とはいえ、びっしり書き込まれたノートばかりを見せると、読書ノートとはそのようなものなのだと子どもが感じ取り、プレッシャーを受けることになりますので、読んだ本の題名や作者、そして気に入ったフレーズやちょっとしたメモなどしか書かれていないノートも見せるようにします。

　読書ノートの説明のあとは、子どもたちにそれぞれ本を読んでもらいます。この日の共有の時間には、今日読んだ本の日付、作者、題名を書くほか、書ける子どもには簡単にメモを書くようにすすめます。そして、隣の友達と読んだ本について短くおしゃべりをして、読書ノートにコメントをもらうようにします。自分のノートに友達のコメントが入ると、子どもたちはとても喜びます。読書ノートを導入した直後は、特に友達からコメントをもらう時間を設けるようにします。

6時間目　こうやって本を選んでみよう——教師の選書テクニック大公開！

　教師が選書モデルを示して様々な本との出合い方を紹介すると、心底楽しいと思える本に出合える確率が格段にアップします。そのために、以下のようなことを行います。

　事前に子どもたちにアンケートを★1
取って、どこの図書館や本屋さんを使っているのか、パソコンを使える子どもがどのくらいいるのかなどの情報を収集しておけば、それをもとにして教師はミニ・レッスンを考えることができます。教室にあるテレ

日野市立図書館のホームページのトップ画面

ビに子どもたちが利用している図書館のホームページを出して、本の探し方や予約の仕方を説明します。また、映画やドラマの原作本、自分の好きな作者がどんな本をほかに書いているのかをその場で調べたりします。

　それ以外にも、ネット書店のホームページを見せたり、教師の読みたい本のリストを見せたりするのもよいでしょう。さらに、過去に受け持った子どもたちがどのようにして本を探していたのかも話します。

　子どもたちの話を聞いていると、「友達が読んでいる本を読みたい」という声がよく聞こえてきます。そのため、この日の読む時間は、選書を意識しながら、「何を読んでいるの？」「先生もこれ好きなんだ！」「その本どうやって選んだの？」などと一人ひとりに短く声をかけていきます。そして共有の時間では、自分がどんな本を読みたいかについて紙に書いて提出してもらいます。

7時間目　教師の本の読み方大公開！——様々な読み方があることを教える

　子どもたちを観察していると、最初の数ページを読んで本棚に戻すという行為を

繰り返す子どもや、苦しみながらも最後まで読み通そうとする子どもなど、それぞれの読み方の特徴が見えてきます。そのためここでは、6時間目と同じように、教師の読書生活を子どもたちに公開します。話して聞かせても構いませんし、目の前に教師がこれから読もうとしている本を積み上げて、どのように読み始めるのかということをデモンストレーションしてもよいでしょう。

　ここで伝えるのは、最後まで読まなくてもよい、読み飛ばしてもよい、必要なところだけを読んでもよい、ということです。また、読む目的やジャンルによって読み方を変えることもあると伝えていきます。

　筆者らのグループの一人は、「読書は、3割がフィクションで、残りの7割はノンフィクションの本です。フィクションの場合は、できるだけ後ろのページを開かないように心がけています。挿絵だけで展開が予測できてしまう場合があるので、できるだけ見ないようにしています。一方、ノンフィクションの場合は、まずは目次を見たり、ペラペラとめくってみたりして、この本を読むか読まないかを判断しています。育児や仕事で時間も少ないため、ワクワクするような、本当に読みたい本を選ぶためには、できるだけ候補となる本を少なくして、じっくりと読むようにしています」と子どもたちに伝えています。

　いずれにしろ、これは面白そうだ、と思える本と出合えた時はとても幸せなものです。最初から最後まで、付箋や赤線を引きながら読み、ある程度読んだら印をつけたページに戻って、ノートにメモを取ったり、読んだ感想を文章にします。さらに興味が増せば、同じ作者のほかの本や同じテーマの本を読みたいと思うようになります。

　役に立つ本、心底楽しいと思える本と出合えることは、読書家にとっては無上の喜びです。それだけに、子どもたちには選書の力が必要になります。自分を成長させる本と出合うためにはどうしたらよいのかを、しっかりと教える必要があります。読書家の時間の最初の10時間で、たびたび選書に力を入れるのはこのためです。

---

(1) アンケートを年度の最初にとっておくと、子どもたちの読む力の実態をとらえることができるので、一人ひとりの力をふまえた上で教えることができます。また、年度の終わりにも同じアンケートをとることで、読む力がどれだけ伸びたのかが分かります（213～214ページの**資料2**を参照）。

8時間目　ゴールデンウィークは読書ジョギングに挑戦！

　8時間目、そろそろゴールデンウィークが楽しみになる頃です。ゴールデンウィークは、家庭での読書を推し進め、さらに保護者に対して、子どもたちがどのように変わってきているのかを示すよい機会ともなります。

　ゴールデンウィークの読書を、ジョギングにたとえて説明することができます。ジョギングと読書は、考え方がよく似ているのです。マラソンとなると42.195キロも走るという感覚になって大変ですが、ジョギングだと少しずつ走って、気持ちよく汗をかいて楽しむという感じになります。

　読書も同じです。一度にたくさんの量の本を読もうとするのではなく、毎日少しずつ楽しみながら読むほうが習慣づけのためには近道となります。名付けて、「ゴールデンウィーク・読書ジョギング」です。ゴールデンウィークに毎日無理のない程度の読書をして、記録を取り、みんなで本を読む記録に挑戦しようという、ゴールデンウィークの特別イベントとするのもいいでしょう。

　このイベントは、読んだ本の冊数を競うものではありません。決して無理をせず、しかしチャレンジする楽しさを味わえるような目標を一人ひとりが設定します。クラス全体の目標ページを設定しても楽しいでしょう。

　ジョギングには「FUN RUN」という言葉があります。文字通り、楽しんで走るということです。苦しみもがいてトレーニングするのではなく、走り終わったあとも笑顔でいられるぐらいで楽しもうということです。

　よく聞く話に、部活動などで長い距離を走らされていたからジョギングはどうしても楽しめない、という声があります。読書もまったく同じです。子どもの時に無理やり読ませてしまうと、一生読書から遠ざかることになってしまいます。ジョギングと同じように、読書も「FUN READ」になるようにしたいものです。

　こんな話を子どもたちに聞かせ、計画をみんなで立てていると、この日は読む時間があまりないかもしれません。それでも、ゴールデンウィークの読書を子どもたちは楽しみにするようになります。読書が楽しみとなる雰囲気を、クラスのみんなで共有できることはとても素晴らしいことです。

9時間目　ゴールデンウィークの前に読書の達人の公開グループインタビュー

　8時間目にイベント告知をして教室は勢いづいていますが、読書習慣を身につけるためにはどうしたらよいのでしょうか。「FUN READ」のスローガンのもと、みんなで記録に挑戦するわけですが、一過性のものであれば読書の習慣は身につきません。9時間目は、ゴールデンウィークのがんばりを単なるイベントで終わらせないように考えたいと思います。

　この頃になると、すでに読書の習慣が身について、読書を心の底から楽しいと思っている子どもが誰なのかが分かってくるはずです。その子どもたちに頼んで、公開のグループインタビューを行います。もちろん、教師も入って、子どもたちの会話を促します。

　よく出てくる話題は、「いつ読むのかを決めている」や「お気に入りの読む場所がある」などですが、なかには、テレビを見る時もCMの合間に読めるように準備しておくとか、トイレやお風呂の中にも本を持ち込んでいるといったとんでもない話も出てきます。

　「ゴールデンウィーク・読書ジョギングの作戦は？」と尋ねると、「旅行先に持っていく」とか、「電車の中で本を読むと大人になった気がする」などといった子どもらしい意見が次々と出てくるので、教師の言葉では響かない子どもも「なるほど！」と思うはずです。自分と同じ立場の友達が語るので、説得力が違うのです。

　また、いつもは教えられる側にいる子どもが教える側に回るため、お互いに教えたり教わったりする環境が大切であることを伝える機会にもなります。むしろ、教師からよりも友達から学ぶことのほうが多いかもしれません。同級生が自分とはまったく違う読書生活を送っていることに、子どもたちは本当に驚くのです。

　共有の時間に、それぞれの「ゴールデンウィーク・読書ジョギング」の作戦を読書ノートに書いておくようにします。また、公開インタビューに参加してくれた友達から励ましのメッセージがもらえると同じ気持ちを共有することにもなり、楽しさややる気も一層高まるはずです。

ペア読書をしている子どもたち

10時間目　ペアで本を読もう

　ゴールデンウィークも終わり、「ゴールデンウィーク・読書ジョギング」も終了しました。それ以後も読む楽しさを味わい続けるために、そろそろ友達と対話をしながら読む楽しさを感じてもらうようにします。読書は一人で行うというイメージを壊し、本を通じて友達とつながることが楽しいという感覚を味わえるようにするのです。

　おそらく子どもたちは、本について知ることと同じくらい友達のことについても知りたいと思っていることでしょう。もっとおしゃべりをしたいし、もっと遊びたいし、もっと楽しいことを共有したいと思っています。そのようなことが本を通じてできるので、子どもたちは友達と同じ本を読むことが大好きになります。

　ペア読書をスタートし、話し合えるようにすれば、クラスの雰囲気がさらに活気づいたものになるはずです。読書を通じて連帯感が増した５年生の教室を想像してみてください（ペア読書についての具体的な進め方は、第７章「友達同士で読む」の139～142ページを参照してください）。

コラム❶　子どもの変容
　　　──アンケート結果から見た読書家の時間への子どもたちの反応

「初めて300ページに近い本を最後まで読むことができました！　途中で無理かなと思ったこともあったけど、話し合っているうちにだんだん本が面白くなってきて、最後は夢中で読んじゃいました」（６年生）

　子どもたちにアンケートを取ると、自由記述欄には、上記のようにその成長を生き生きと伝えてくれます。また、本を楽しんでいることは、以下の数字からもうかがえます。

小学校３年生の年度始めと終わりのアンケート調査結果

①本を読むことは好きですか？

	４月	３月
とても好き	7	28
どちらかといえば好き	21	4
どちらかといえば嫌い	3	0
とても嫌い	1	0

②本を読むことはとくいですか？

	４月	３月
とてもとくい	5	17
どちらかといえばとくい	13	13
どちらかといえばとくいでない	7	2
全然とくいでない	7	0

③もっとスラスラ読んだり、もっと難しい本を読めるようになりたいですか？

	４月	３月
とてもなりたい	19	28
どちらかといえばなりたい	11	4
どちらかといえばなりたくない	1	0
ぜんぜんなりたくない	1	0

④友達と本のことについて話すことはありますか？

	４月	３月
よくある	3	11
たまにある	15	20
あまりない	8	1
まったくない	6	0

⑤友達と本のことについて話し合うのは好きですか？

	４月	３月
とても好き	9	26
どちらかといえば好き	14	6
どちらかといえば嫌い	5	0
とても嫌い	4	0

2　1年生の最初の10時間

　ここで紹介する教師は、入学したばかりの1年生が「読書家の時間」を親しめるように「読むこと時間」、そしてそのなかの「ひたすら読む時間」を「読みタイム」と呼びながら最初の10時間を進めていきました。先に紹介した5年生の教師と同様に、選書の仕方や読み方などを、教師がモデルを示しながら教えていきます。小学校の環境にまだ慣れていない子どもたちに配慮した授業の様子を想像しながら読んでください。

1時間目　教室の本の世界を探検してみよう！

「この1年間、読むことを大事にしていこうね。教室には、すぐに読めるように本がたくさん置いてあります。（本棚を指さしながら）このあたりに昔話、ここは絵本ね。絵本じゃないけど、ここには面白い本があるよ。さあ、どんな本があるのか探検してみて、手に取って読んでみましょう！　いい本を見つけたらお友達や先生に教えてね」

　こんな声かけをして授業が始まりました。そして、子どもたちがどのように本を選んでいるのか、また読めているのか、教えあっているのか、うろうろしているだけなのかなど、一人ひとりの様子を観察しました。困った顔をしている子どもには声をかけ、「これ、読んでみたら」とか「好きな本はどれかな」と話しかけてみました。そして共有の時間には、好きな絵本を見つけた子どもに、その本の紹介をしてもらいました。

2時間目　題名を見て、それから中をパラパラと見て選書する

| 教　師 | みんな本を探す時って、どんなふうに「これ、読もう」って探しているのかなあ？ |
| 子ども | 中を見てさがす！ |

| 教師 | いきなり中を見るの？　いい本ないかなぁ、っていう時って、まずどこを見るのだろうね。先生が今から本を探してみるから、みんな先生のことをよく見ていてね。 |

こんなやり取りのあと、1冊1冊題名をつぶやきながら、本を探しているところを子どもたちに見せました。

子ども	分かった！　（本の背中を指して）ここを見てる！
教師	そう、それを「題名」って言います。本の名前だね。題名を読むと「面白そう！」とか「中を見てみようかな？」とか考えます。実は先生、今探している時に、中を見てみたいなぁと思った本を見つけました。
子ども	なになに？
教師	それはこの本、『どろんこハリー』です。先生、どろんこ遊びをするの好きだったんだよね。（本をめくりながら）どれどれ、あれ？　犬の絵だ！　動物も好きだから面白そう。どんな感じかな〜（パラパラとめくる）。犬が真っ黒になってる！　どれどれ、あら、お風呂だな。最後の絵もかわいいな。さあ、今、先生は何をやっていたのでしょうか？
子ども	パラパラ見てた！
教師	せいか〜い。読んでみようかなぁっていう時は、絵を見たり、時々字を見たりしてみます。そうすると、題名で「お！」って思ったものが、本当に「おっ！」なのか、ちょっと違う感じかが分かります。先生はこの本が気に入ったので、ちゃんと読んでみることにします。今日は、みんなも「題名を見て、それからパラパラ見てから読むかどうかを決める」ということをやってみましょう。

　早速、パラパラ見てから選ぶことに挑戦する子どもたちの様子を見守っていると、「先生、この選び方、ぼくやったことあるよ」などと言いに来る子どももいます。そして、共有の時間には、この選び方を試した子どもたちから話を聞きました。

3時間目 読むことを楽しむために、読みたい場所で読もう

教　師　さあ、今日も今から読むけど、教室の中で自分の好きな場所を見つけて読もうね。

子ども　（口々に）ええー？　いいの？　なんでー？　席じゃなくてもいいの？

教　師　いいですよ。みんなおうちで本を読む時、ここじゃなきゃダメって言われる？

子ども　言われない。

教　師　でしょう。読む時には自分が落ち着いて読める場所、読みたい場所で読むって、いつもやっていることでしょう。だから今日からは、この「読むこと時間」もそんなふうにしていきたいと思います。でも、読む時に大事にすることは、読む場所を選ぶってことだけではありません。真剣に読むことができる静かな時間をつくることや本を大事にすること、そして、みんなの時間だから、思いやりをもって自分たちの時間をつくっていくことが大事です。では、今から読む時間を始めましょう。

　自分専用の読む場所をつくることは、『リーディング・ワークショップ』（70～71ページ）にも説明されているように、本を読むことを自分の生活に取り入れることにつながります。そして、この日の共有の時間には、この時間の過ごし方について感想を言ってもらいました。その際、次のようなことを子どもたちに伝えます。

　「けいこさん、本棚の横のせまーい隙間に入って読んでいたけど、とっても集中していたね。先生には、本の世界に入っているように見えましたよ。今日、居心地のよい場所を探せなかった人も、次はどこで読もうか、考えておいてね」

4時間目 「ぴったりの本」を探す前の「スラスラ本」をどんどん読もう

教　師　前に、「題名を読んで、それから中をパラパラ見てから選ぶ」っていうのをやりました。でも、パラパラ見てみるけど、うまく読む本を探せないなぁっていう人たちもいたよね。ということで今日は、「ぴったりの

本」を探す前に「スラスラ本」をどんどん読もう、です。うまく探せないなぁってなると、なかなか本を読むことができないよね。見つけたいのに見つけられない。なんでうまく探せなかったんだろう？

子ども　（口々に）中見たらむずかしかった！　漢字がいっぱいだった。絵がなかった。

教　師　そうか、ちょっと難しいなぁっていうのがあったのね。スラスラ読めるほうがいいね。そんなふうに、題名にピンときても、中を見たら難しいっていうことはよくあることです。そういう難しいことに興味をもてることはとてもいいことですが、いきなり難しい本は読めないし、ぴったりこないよね。ぴったりくるためには、まず自分がスラスラ読める本を見つけるといいね。

子ども　かんたんってこと？

教　師　そうそう。ちょっとやさしい本ね。そういう本を、スラスラとどんどん読めばいいのです。スラスラっていうのは、声に出してもつっかえないでどんどん読めるものです。指を置いて読むことがあるでしょう。指がどんどん早く動いても、それにあわせて読めるくらいってことね。「スラスラ本」をたくさん読むと楽しく練習ができます。読む時にためしてみてね。

　この日はこのようなミニ・レッスンをしたことで、読む時間に子どもたちがよく動いていました。多くの子どもがいろいろな本に挑戦しようと、読んだり、探したりを繰り返していたからです。そして、共有の時間に、この「読む⇔探す」の動きがたくさんあったことをほめ、「明日も、スラスラ本をたくさん探そうね」と励まして授業を終えました。

5 時間目　読んだ本からお気に入りのところを探す

　子どもたちを見ていると、選書しながら本を読むことが自然な状態になっています。そこで、そろそろ読み方について教えることにしました。まずは、「本の中の

お気に入りのところを探す」というミニ・レッスンをしました。

教師	今日は、この前先生が選んだ『どろんこハリー』をみんなに読みます。どうしてかというと、この本の中でとっても気に入ったところがあったからです。みんなはあるかな？　さあ、始まり始まり。 　　　（『どろんこハリー』を読み聞かせる） みんなは、先生が本を読んでいるのを聞いて好きなところはありましたか？
子ども	あった、あった！
教師	どんなところ？
子ども	おふろに入るのがいやで、穴を掘って埋めたところ。（あーという笑いが起きる）
教師	あーっていうことは、納得？
子ども	（口々に）うんうん。掘っているところがかわいい。
教師	なるほどね。じゃあ、ページごとに見ていきますね。このページお気に入りの人いますか？　一つだけしか選べませんよ。
子ども	ええー？
教師	そうか、その気持ちはよく分かる。でも、今日は一つだけ、よく考えてみてね。いろいろあるけど、まず「ここ！」っていうのを探してみることが大事だからね。 　　（1ページずつ「ここがお気に入りの人は？」と声をかけて、手を挙げてもらう） 　　　最後のページまでいきました。どうだった？
子ども	バラバラだった！
子ども	でも、同じところもあったよ。
教師	そうだね。どのページでも手が挙がったし、何人かが手を挙げているページもあったね。同じ本を読んでも、気に入るところってそれぞれ違うんだよね。いろいろな感じ方があっていいんだよね。今日は、お気に入りのところを見つけながら読んでみてね。

子どもたちは、とても嬉しそうにひたすら読む時間に入っていきました。子どもたちの間をカンファランス（第4章参照）しながら回って、すべての子どもに「この本のどこがお気に入りなの？」と聞いてみたところ、様々な答えが返ってきました。

6時間目　「お気に入りぺったんこ」探し（付箋を付ける）

前回の授業では、ほぼ全員がお気に入りのところを見つけられました。それを今日のミニ・レッスンにつなげて、「付箋の使い方」を教えることにしました。

教　師　今日はみんなの大好きなデイビッドシリーズの『デイビッドがっこうへいく』を読みます。先生はこの本が大好きです。お気に入りのところがたくさんあるから、今日はこんな秘密道具を持ってきました。（付箋を見せて）これは付箋といって、はがしてペタって貼り付けることができます。「いいなぁ」とか「好きだなぁ」とか「ちょっとドキドキするなぁ」とか、心が動いた時に、忘れないようにペタって貼っていきます（読み聞かせながら貼っているところを見せる。39ページの写真を参照）。
　　　　たくさん貼ればいいってわけじゃないけど、自分の頭の中で「ピン！」ときたら、それは貼り付けるといいところだね。今、自分の読んでいる本を開いてみてください。3分間だけちょっとやってみましょう。
　　　　（3分後）どう？
子ども　（口々に）見やすい！　楽しい！　読んでるって感じがする！
教　師　今日は、こんなやり方も使ってみてね。

子どもたちは思い思いに付箋を付け始めました。少し多すぎるかなと思う子どももいましたが、付箋を使う最初の時間ですからそれでよいと思います。なかには、付箋に「いい！」とか「たのしい」などと書き込んでいる子どもがいたので、授業の最後に紹介し、付箋の使い方の工夫をみんなで共有しました。

7時間目　イメージしながら読もう——頭の中にテレビができた

「絵はないのだけれど……」と言いながら、想像したことを話してくれる子どももいます。「想像しながら読む」ということが自然にできる子どももいますが、全員がそうではありません。

そこで今回の授業では、クラス全員がそのことを意識できるようにしようと考えました。

教　師　今日は、こんなお話を読みます。『こぎつねコンとこだぬきポン』。
子ども　知ってるーーー！
教　師　そう、今日はこの本です。絵本にもなっているから、知っている人もいるようですね。今日使うのは絵本じゃないけど、お話は一緒です。絵本に比べると絵はずっと少ないです。（パラパラと見せる）その代わり、目次を見るとほかのお話も入っているみたいなので面白いですよ。
　　　　（『こぎつねコンとこだぬきポン』を読み聞かせる）
　　　　さてさて、絵がないとどんな感じかな？
子ども　（口々に）頭で想像してる。思い出すっていうか……。
教　師　そうだね。じゃあ、絵にはなかったけど、友達がいなくてポンが遊んでいるところってどんな感じだと思う？
子ども　（口々に）一人で遊んでそう。つまんなそう。顔とかさみしそう。
教　師　顔ねぇ……体は？
子ども　（口々に）なんかがっくりで。しっぽが下向き。あ〜、友達といたら走り回ったりしてるけど、しずかに遊んでる。友達いたらなぁって。こんな遊びしたいなっ、とか考えてる。ゴロゴロしてる。
教　師　絵のあるところは「そんな感じか〜」と思っているけど、絵がなくなっても頭の中が突然真っ暗になるわけじゃないよね。頭の中にはお話が流れているし、想像している絵とか言葉が浮かんでくるよね。こんな風に、絵が少しだったり、なかったとしても絵を思い浮かべながら読むということも大事ですよ。

共有の時間に、「きっとこうなんだろうな、って想像できたところあった？」と尋ねました。絵の多い本は意識しにくいのですが、「書いてないけど泣きそうな気持ち」、「頭の中にテレビがつくれた」などの話を聞くことができました。

8時間目　読書家の時間の1時間の流れ

　子どもたちが「読むこと時間」を心待ちにしている様子がうかがえるようになったので、そろそろ1時間の流れを明確にしていくことにしました（57〜58ページ参照）。1時間の流れが分かることで、1年生の子どもでも時間の使い方を自分で考えて計画できるようになっていきます。

| 教　師 | 今日も「読むこと時間」です。先生はみんなに読むことを大事にしていこうねと話しましたね。みんなが楽しく読めて、ぐんぐん力がついて、大人になっても読むことを大事にして生きていくためのお勉強です。この時間をしばらくやってきましたが、最初にどんなことをしているか分かる？
| 子ども | 先生が「集まって〜」って言う。
| 教　師 | そうだね。今もそうだけど、いつも最初に集まってもらってから読むことを教えているよね。これを「ミニ・レッスン」と言います。じゃあ、そのあとは何をしている？
| 子ども | 読んでる。ちょっとお話したり。
| 教　師 | そうだね。みんなが「読む時間」だよね。そのあとは？
| 子ども | また「集まって〜」って。本も持ってきてねとか。
| 教　師 | 最後の時間だよね。みんなのいいところを紹介したり、ペアでお話したり、先生が聞いたりしますね。この時間を「共有の時間」と言います。これからは、この三つの時間があることに気を付けてみてね。そうすると、もうすぐ読む時間が終わっちゃうなとか、共有の時間にこんなこと言いたいなとか、自分で考えることができるよね。それから「読む時間」、つまり「読みタイム」のマナーを貼っておくからね。

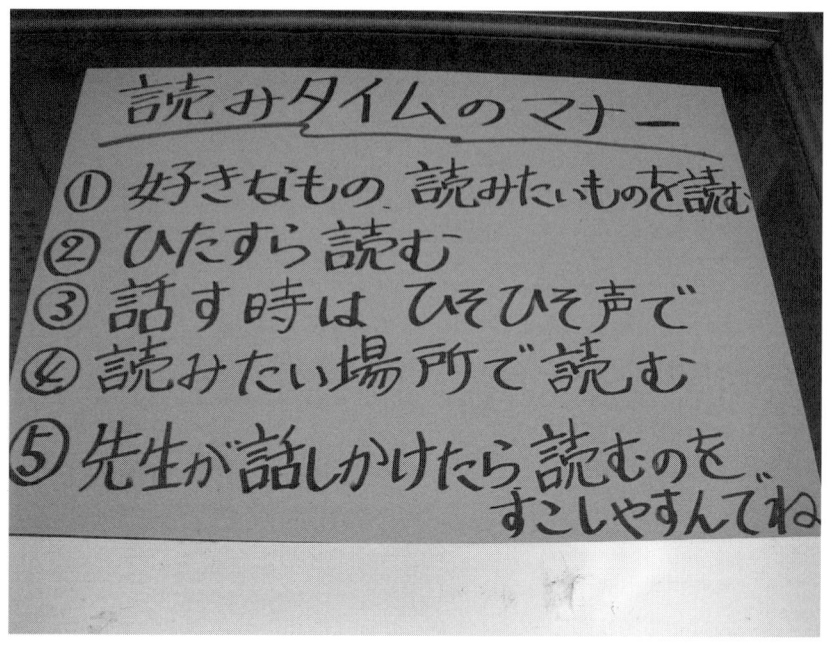

ひたすら読む時間（読みタイム）のマナーの掲示

9時間目　自分にぴったりの本を探すには

　4時間目にスラスラ読める本を探すことを教えてからは、読める本が見つけられなくてうろうろする子どもが減りました。そろそろ、本を選ぶには様々な方法があることを教える段階に来ました。

教　師　みんな、どんどん読めるようになってきたね。付箋をたくさん使っている人もいるよね。ぐいぐい読めるようになっている人を見ていると、「自分にぴったりの本」が分かっているんだなぁと思います。でも、何を読んだらいいかが分からない時もあるよね。それでは、ここで質問です。まず、「自分にぴったりの本」とはどんな本でしょうか。

子ども	（口々に）スラスラ読めて簡単すぎない。でも、難しすぎると読めないから、難しすぎない。スラスラよりはちょっとゆっくり。指でなぞるのもゆっくりになるけど、分かる。
教 師	なるほどね、それがぴったりってことだよね。じゃあ、ぴったりの本を探すにはどうしたらいいかな？
子ども	（口々に）たくさん読む。スラスラ読めるのをよく読む。指でなぞって練習する。おもしろいよっていうのを教えてもらう。
教 師	誰に？
子ども	先生とか……友達。
教 師	いいねぇ！
子ども	本の大きさも見る。
教 師	どういうこと？
子ども	絵本は大きいから、いつも大きい本を読んでるからそれが自分にはぴったり。大きい本は読みやすいから。
子ども	絵本でも、スラスラのと、ちょっと難しいのもあるよ。だから、難しい時はいっしょに読む。
教 師	2人で？
子ども	そう。そして、こんなお話だよっていうのを聞く。
教 師	それは、あらすじって言うんだよね。ぴったりの本を探している時には、いろいろなことができますね。自分だけでできることもあるし、友達や先生とできることもあるね。友達から相談されたら、「こんなのどう？」とアドバイスしようね。

　ミニ・レッスンのあとの読む時間では、ほぼすべての子どもたちがより積極的に友達に聞いたり、アドバイスをしあったりしていました。そこで共有の時間は、「友達にどんなアドバイスをしてもらった？」をテーマにしました。「どんな本が好きなの？」「字は大きめがいい？」「絵がおもしろいものが好き？」などを友達から聞かれて嬉しかった、という話が出ました。「アドバイスの仕方もいろいろあるから、たくさんアドバイスして覚えていこう」と言って、子どもたちを励ましました。

10時間目　考え聞かせで読み手のしていることを体験する

　読書家の時間が円滑に流れ始めたことを感じたので、これからは自立した読み手となるための「優れた読み手の行っている方法」（第3章「ミニ・レッスン」の75～77ページ参照）など、読むことについてさらに深めていく段階へと進みます。

教　師	先生は本を読んでいると、思わず「ふふっ」となったり「うーーーむ」となったりすることがあります。それを見て、「何？　どうしたの？」と聞いた人がいました。読んでいる人がどんなことを考えながら読んでいるのだろうと不思議に思ったり、知りたくなったりするのはとてもいいことです。それが分かると読み方も分かるってことだからね。先生の頭の中をパカッと開いてみせてあげられたらいいのだけれど、それはできないので、今日は先生が読みながらどんなことを考えているのかということを、声に出しながら伝えていきます。みんなも、読み聞かせを聞きながら自分の頭の中でも集中してみてください。今から読む本は『デイビッドがやっちゃった！』です。 （考え聞かせの終了後）どうだった？
子ども	おもしろーい、自分の考えたことが、先生の考えたことと同じだった。
教　師	どこ？
子ども	ごめんねって早く言えばいいのに、って思ったところ。
子ども	次はどうなるんだろう、たぶん同じだなっていうのが、デイビッドはいつもくりかえしちゃうから、そうだなって思った。
教　師	そこは先生も予想していたところだね。前の2冊も繰り返しがあったもんね。こういう読む人が考えていることと読み聞かせが合体したものを「考え聞かせ」★2って言うんだけど、みんなもこういうことができるといいね。

　ここまでが、1年生を対象にした最初の10時間です。この期間は安心して学ぶことのできる人間関係を築き始める大切な時期でもあるので、子どもたちの様子をよ

く観察しながら進めていきます。詳しくは、第2章「読書環境をつくろう」の「2. 人とのかかわりを活かす——教室内のソフト面」(44〜45ページ)を参照してください。

　本章では、読書家の時間の「最初の10時間」について、低学年(1年生)と高学年(5年生)の例を紹介してきました。実際に読書家の時間を始めるにあたっては、本章の事例とともに、第3章「ミニ・レッスン」や第9章「年間計画」を参考にしながら、クラスの子どもたちの実態にあわせた授業づくりを行っていきましょう。

---

(2)　考え聞かせ（think aloud）とは、教師が読みながら考えていることを言葉にして表すことです。『「読む力」はこうしてつける』(吉田新一郎、新評論、2010年、71ページ)では、「読む時、私達は『優れた読み手が使っている方法』を意識するかしないかはともかくとして使っています。しかし、頭の中で起こっていることですから、それは見えません。この読んでいる時に考えていることを言葉にして表すこと」であると説明しています。この考え聞かせは、小中学校では特に効果的なので、子どもたちが読み方をマスターできるように活用してください。

コラム❷ 子どもの変容
——本嫌いから本好きになった高谷くん（5年生）

「先生！　5年生でもブッククラブをみんなでやりたいんだけど、最初はどうしたらいいですか？」

　私が担任をしている4年生の教室のドアから、元気のいい声とともに男の子が顔を出しました。1年前に担任をしていた高谷君です。高谷君の顔を見た時、「俺は本が好きじゃないし」と口癖のように言っていたことを思い出しました。本が嫌いだった高谷君が、今のクラスの友達と一緒にブッククラブをしたいからアドバイスが欲しいと言ってくるなんて、1年前ではまったく想像できなかったことです。

　そんな高谷君が変わり始めたのは9月頃です。「読みたい」と思えるテーマを見つけたのです。それは「電車」でした。クラスの友達にも電車が好きな子どもが何人かいたので、その子どもたちと本を通してのかかわりを膨らませていくことができるかもしれないと私は思い、高谷君や電車好きの子どもたちに向けてブック・プロジェクトを提案しました。

　ブック・プロジェクトでは、自分が決めたテーマに関する本をどんどん読んでいきます。高谷君は、早速、家から電車についての雑誌をたくさん持ってきて、教室の図書コーナーに並べ始めました。そして、クラスの電車好きの友達と、雑誌を読んで分かったことについて活発に意見を交わすようになりました。

　私は、「電車について分かったことを文章にして、友達や保護者にも読んでもらおう」と高谷君に提案しました。雑誌だけでは調べたいことに行き着かないことが分かると、高谷君は家の人に買ってもらった鉄道図鑑を持ってきて、自分のテーマである「新幹線」について図鑑を読みながら調べ始めたのです。本とは無縁の生活を送っていた高谷君が、本のある生活を楽しむようになっていました。

　そして、5年生に進級した高谷君、「クラスでブッククラブを開きたい」と担任の先生に交渉したのですが、担任の先生は困ってしまい、「とりあえず、前の先生に聞いてこい」と言われて私の所に来たのです。高谷君は、5年生のクラスでも本でみんなと仲良くなりたい、もっと新しい本に出合いたい、という気持ちに突き動かされているようです。しばらくして、5年生の担任である同僚が、「今度、ブッククラブやっているところ見せて！」と私の所にお願いに来ました。高谷君は、担任の先生の心まで動かしてしまったのです。

第 2 章 読書環境をつくろう
―― 読書家の時間をサポートする環境づくり

　新学期の初め、読書家の時間を行っているクラスからは「本がいっぱいある！」とか「先生、本読んでいい？」という声がよく聞こえてきます。子どもたちの読みたいという気持ちをサポートする読書環境をつくることができれば、さらに子どもたちは学びやすくなり、自立した読み手として成長していきます。

　つくりたい読書環境は、大きく分けると２種類あります。教室内の環境と教室外の環境です。そして、そのどちらにも、物質的な要素の強いハード面と人とのかかわりを中心とするソフト面があります。具体的には、次ページの**表２－１**を参照してください。もちろん、ハード面とソフト面は相乗的に影響することも多いので、簡単に分けることはできません。以下で、教室内と教室外の、それぞれのハード面とソフト面について詳しく説明していきます。

1　本などの必要なものを揃える――教室内のハード面

　教室内の環境は学期が進むにつれて変化もしますし、充実もします。初めからこれでよい、といった完成型の読書環境があるわけではありません。私たちの実践から、教室に①図書コーナー、②掲示物、③しおりと付箋、④読書ノート、⑤個人フォルダーを揃えておくと、子どもたちの主体的な学びをサポートしやすいことが分かってきました。これらについて以下で説明します。

表2−1　読書家の時間を行う時につくりたい読書環境

	教　室　内	教　室　外
ハード面 (準備するものや物理的環境)	本 図書コーナー 掲示物・ポップカード 付箋・しおり等 読書ノート 個人フォルダー 読みたいと思える場所づくり	学校内の図書室 公共図書館 インターネットからの情報
ソフト面 (人とのかかわり)	安心して学ぶことができる人間関係 円滑なコミュニケーションのとれる仲間 一人ひとりの違いは良いことなのだという価値観	保護者 公共図書館の司書 管理職 他のクラス ┐ 異学年　　├ との交流 他の学校　┘

1　教室内に図書コーナーをつくる

本を集める

　読書家の時間を始める時にあらかじめ教室に準備しておきたいもの、それは子どもたちが読む本です。本を揃えることは容易なことではありませんが、古本などを購入して少しずつ増やすこともあります。読書家の時間を実践している教室には、500〜1,000冊ぐらいの本が置かれているところもあります。とはいえ、このような教室でも数年かけて増やしていったので、500冊がなければ読書家の時間を始めることができないということではありません。

　最初は、子ども一人当たり3〜4冊ぐらいと考えて、目安として100冊〜150冊の本が準備されれば十分です。低学年の場合は、絵本の占める割合が高く、読むのも早いですから、1人5〜6冊を目安とするのがよいでしょう。本の難易度は、担当の学年とその前後ぐらいに設定し、幅をもたせるようにしましょう。ちなみに、以下の方法でも本を集めることができます。

・学校の図書室から人数分を持ってくる。
・公共図書館の団体貸出を利用して、40〜50冊を借りる。
・保護者に協力をあおぎ、読まなくなった本を子どもたちに持ってきてもらう。

公共図書館の利用により本を集める

　公共図書館には学校向けの団体貸出がありますので、司書に相談をしながら定期的に入れ替えていく方法もおすすめです。地方自治体によって違いがありますが、1か月程度の貸出期間で、一度に40冊から50冊の貸出をしてくれることが多いです。

　最近では、図書館のホームページから団体貸出予約をすることができる所もありますし、本の集配も行ってくれるなど、使いやすいサービスも増えてきています。ぜひ、ご自身が勤めている学校がある市町村の公共図書館に連絡をとって活用してください。

　読書家の時間が進み、ペア読書やブッククラブを行う時には、公共図書館から本を借りる前に子どもたちに読みたいテーマを聞いておきます。そして、リクエストされた本に加えて、子どもたちが希望するジャンルや内容の本を司書と相談しながら複数冊揃えてもらうようにします。

　子どもたちのリクエストを反映しやすい公共図書館の貸出サービスは、多くの子どもたちに人気があります。1か月間の貸出という期間もちょうどよいようです。筆者らが読書家の時間を始めた当初は、古本などを自分で購入することが多かったのですが、最近は公共図書館のサービスのよさを再認識しています。

　たとえ教師が所有する本が教室にたくさん置いてあっても、公共図書館の司書に連絡をとって、本についてのアドバイスを受けることはとても有意義です。新刊本や話題の本なども教えてもらえるので情報も増えますし、教師自身、新しい本に出合うことができるので選書の幅も広がります。教室内にある本の量にかかわらず、公共図書館の司書との連携は大切にしましょう。

教室内に本があることの価値

　どんな集め方にせよ、大切なことは教室の中に本があるということです。身近に本があるというだけで読むことに対するハードルが下がり、自然に本を手に取るよ

うになり、子どもたちの「本を読みたい」という気持ちを刺激します。

　10歩以内で本が手に取れるのと、100歩以上歩かないと手に入らないのでは、自ずと読む量が変わってきます。これが、いくら立派な学校図書館があっても、多くの子どもたちがなかなか読むようにならない理由の一つではないでしょうか。

　『リーディング・ワークショップ』に「最も大切なことは、教師がよく知っていて、よいと思っている本で教室内に図書コーナーをつくっていくこと」（34ページ）と書かれているように、本は冊数だけ揃えればよいということではありません。昨年度の子どもたちが大好きだった本、子どもたちが選んだベスト５やブッククラブで人気のある本（243〜245ページを参照）などといった、子どもたちが好きになりそうな本は、ぜひ揃えておくことをおすすめします。

　大人もそうであるように、自分が好きな本に対しては思い入れが強くなります。本に対する熱い思いを語ったり、すすめたりすることのできる本を、教師は学年が始まる前に最低でも２〜３冊ぐらいはもっておきましょう。そして、教師からの本の紹介コーナーもつくります。教師が子どもたちに紹介したい本は、学年や子どもたちの実態によって変わりますが、これについては「おすすめ本リスト」（236〜242ページ）を参照してください。

　教室の中に子どもたちが好きになれる図書コーナーがあれば、クラスみんなのお気に入りの本が生まれたり、回し読みされるといったブームが生まれたりもします。子どもたちのこのような様子を見るたびに、読書環境の大切さを実感します。本を読むことが自然になり、本の内容が共有され、次第に本の楽しさや読むことを大切にするといった価値観が教室の文化になるのです。

図書コーナーのつくり方

　教室の広さなどにより、本の置き方は様々な工夫が可能です。壁や窓側を本棚やカラーボックスなどで区切り、教室の一部を囲みマットや絨毯などを敷いて「部屋」のようにすることもできますし（図書コーナー１）、棚やロッカー、段ボールやプラスチックケース、机などを利用して窓際に置くこともできます（図書コーナー２）。それ以外にも、教室にあるロッカーや棚、ロッカーの上を使ったり（図書コーナー３）、ブックストッパーやプラスチックケースを本棚の代わりにしたりすることも

第2章 読書環境をつくろう──読書家の時間をサポートする環境づくり　37

図書コーナー1

図書コーナー2

できます。

　三つの写真を見ると分かるように、図書コーナー1は、部屋としてのスタイルが確保されているためリラックスして本を読むことができます。図書コーナー3は、教室のあちこちに本が置かれることになるので、子どもたちが一か所に集まることなく本を選ぶことができます。

図書コーナーの本の配置と管理

　本の配置については、年度初めはある程度固定し、その後、ペア読書をしやすいように複数冊の本を置く場所や公共図書館から借り

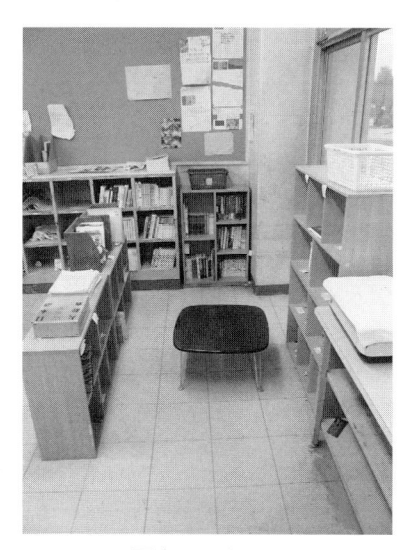

図書コーナー3

てきた図書のエリア、学習する「ユニット」（175～176ページを参照）にあわせた「自然科学の本のコーナー」や「詩のコーナー」などを増やしていきます。子どもたちの読み手としての成長ぶりや扱うテーマにあわせて、配置換えをしていくことをおすすめします。

　年度の始めは選書がうまくいかないこともあるので、「本を読むのは面白い！楽しい！」と思えるような教師のおすすめの本を手に取りやすい場所に置き、「先

生からのおすすめ」や「昨年のクラスでのおすすめ」などと分かりやすく表示をするとよいでしょう。

　高学年の場合は、年度の最初から図書コーナーの本の配置を子どもたちに任せ（9～10ページ参照）、定期的に見直したり替えていくということもできます。分け方には、題名、作者、ジャンル、難易度、テーマなどがあります。より使いやすくするための本の配置を子どもたちと話し合うことで、図書コーナーを読み手である自分たちがつくっているという自覚が生まれ、改善・修正の力も同時に育っていきます。それによって、教室内の一部の本を難易度別に分けるなど、本の配置を子どもたちと一緒に決めることもできるようになります。

　本の戻し方について課題のある場合は、背表紙を見えるように、逆さに入れないように、取ったところに戻すように、というような基本的なマナーを学年や発達段階に応じて伝えましょう。そうすることで、戻しやすいようにジャンルや作者ごとなどにまとめて表示をする必要が分かってきます。また、子どもたちと「戻す場所が分からない時はどうすればよいか？」ということについて話し合うと、「分かるように貼り紙をする」「友達に聞く」「どうしても分からない時に入れておく場所をつくる」など、様々なアイディアが出てくるはずです。

　そのほか、本の貸出についても考えておきましょう。読書家の時間を始めると、子どもたちから「教室の本を家で読みたい」というリクエストが出てきます。貸出については、カードをつくって、「借りた本」「借りている人」「借りた日」「返した日」が書けるようにしておくとよいでしょう。

　借りる期間は、一般的な図書館の場合は2週間となっていますが、学校に毎日来ているので1週間ぐらいがちょうどよいと思います。最初は教師が貸出と返却のチェックをして、徐々に係の子どもがチェックできるようにしていけばよいでしょう。

2　掲示物

ミニ・レッスンなどで学んだ内容を確認するための掲示物

　読書家の時間を行う教室には多くの掲示物があります。教室の壁などには、1時間の流れ、読書家の時間のマナーやルール、基本的な道具（読書ノート、付箋、し

おり)の使い方、ペア読書での本の選び方や進め方、ブッククラブの流れなど、子どもたちが必要としている間、掲示するようにします。

　初めのうちは「先生、これ何だっけ？」と聞いてくることもありますが、「あそこに貼ってあるよ」と伝えると、「あっ、そうだった！」と自分で行動するようになっていきます。そのうち、子ども同士でも「それって、前にやったよね」と掲示物を見ながら話をする場面も見られるようになります。

お互いに本を紹介するための掲示物

　学年を問わず、本を紹介しあう活動を
掲示物に残すことで、読みたい本が見つけやすい読書環境をつくることができます。その方法にはいくつかありますが、まず簡単なのは、ミニイーゼルなどを使って本を立てて、そこに紹介文やおすすめ文を書いたポップカードを付けて飾ることです。

　ポップカードを書くことは子どもたちにとっても簡単で、しかも飾ると見栄えのよいこともあって、低学年の子どもたちが大好きな活動の一つです。この活動の前に、見本として、あらかじめ教師が本の掲示をし、ポップカードを書いて飾るようにすれば、スムーズに取り組めます。それ以外にも、係活動などを利用して、クラスで読まれている本の人気ランキング、人気作家などのポスターをつくって掲示することもできます。

　ポップカードは、一定の期間がすぎれば子どもたちに返却しますが、そのカードをためていけば一人ひとりの本の紹介記録集ともなります。読書ノートに貼る子どももいれば、カードを収集している子どももいます。飾る場所が少なく、全員のカードを一度に飾れない時は、順番制にしたり、グループごとにするといった工夫ができます。

学んだ内容を確認するための掲示物

ポップカード風の紹介カード

ミニイーゼルでの本の紹介

　読み聞かせ、ミニ・レッスン、共有の時間などに使った本を掲示することで、それまではあまり本を読んでこなかった子どもたちも、もう一度読みたいと手を伸ばすはずです。計画的に様々なバリエーションのカードを示したり、カードの書き方を工夫したりして変化を加えていけば、子どもたちが互いに本を紹介しあう時のバリエーションも広がります。本の紹介という点では、「がんばりフォルダー」(136ページ参照)も極めて効果的な方法と言えます。

3　しおりと付箋

　しおりや付箋は、読む時に必要であると同時に、効果のあるツールです。しおりを挟むことは、この本を読み続けたいという思いの表れです。特に低・中学年は、自分でしおりを作るとさらに読むことが楽しくなるようです。厚紙に絵を描いたり、シールを貼るという工作的な作り方もありますし、普通の紙をしおりサイズに切り、目標ページ数や読みの目当てなどを自分で書いてからラミネート加工することもあります。

第2章　読書環境をつくろう——読書家の時間をサポートする環境づくり　41

　しおりについては、1年間に数回作るチャンスを設けるとよいでしょう。目標を書き込んだしおりは、長期休みの前に作ると読書意欲が喚起されますし、ブッククラブの前に目標を書くと、新しい気持ちでブッククラブに取り組むことができます。

　初めてしおりを作成する時は、家用と学校用を作り、家用はプレゼントとして持ち帰ってもよいでしょう。子どもたちは喜んで持ち帰り、家で本を読むきっかけにもなり、その姿を保護者に届けることもできます。それによって、図書館に連れていって欲しいとか、本を買って欲しいといったことにつながり、親子で本の話をすることができるようになります。

　付箋は、読む時に深く考えることのできるサポートツールです。『リーディング・ワークショップ』の「付箋やほかのツールを使い、深く考えられるようにする」（190〜197ページ）に詳しく書かれていますが、読んでいる時の自分の様々な反応やメモを書いて、本や読書ノート（42〜43ページ参照）に貼ることもできます。

　付箋を使いながら読むことで、友達とその本について話す時、どこに書いてあったか探したり、何を考えたかを思い出したりする必要がなくなります。子どもにとっては、気軽に書くことができるのがよい点です。様々な大きさや形があるので、必要に応じて選ぶことができるように促しましょう。

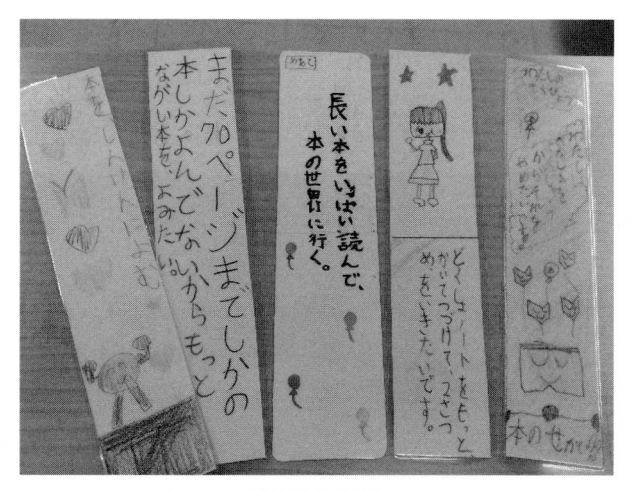

様々なしおり

4 　読書ノート

　読書ノートとは、読んだことについて自由に書くノートのことです。メモ程度の時もありますが、ミニ・レッスンで書き方のバリエーションを提示することで（13ページ、208〜209ページ参照）、子どもたちが自分にあった方法や活動にあった書き方を選んで使えるようになっていきます。ノートのサイズは発達段階やねらいにもよりますが、Ｂ５版が使いやすいでしょう。

　以前、低学年には読書ノートを負担にしたくないという思いから、Ｂ５版ノートを半分に裁断してわたしたことがあります。しかし、書き慣れてくると、子どもたちは登場人物の絵を描いたり、本から外した付箋を貼ったりするほか、心に残ったことも長く書けるようになってくるので、小さいノートだとかえって使いにくくなりました。

　読書ノートはこうあるべきだ、という定型があるわけではありません。また、読書ノートの記述だけで子どもの読む力を判断するわけでもありません。まずは、読んだ本の題名、作者、おすすめ度、簡単な感想、話し合って考えたことなどから書けるように教えていくとよいでしょう。

　慣れてくると、一人ひとりのノートにその子どもらしさが表れてくるようになります。登場人物紹介、人物相関図、あらすじ、本の紹介、作者についてなども書けるようになっていきます。本の表紙をコピーして貼る子どももいます。ノートを通して、子どもへのカンファランス（第４章参照）もしやすくなります。

5 　個人フォルダー

　特に低学年におすすめなのが、読みかけの本や読書ノートなど、子どもたちが読書家の時間で使っているものを入れることのできるブックフォルダーです。『リーディング・ワークショップ』（69〜70ページ）にも、それぞれのフォルダーがあることで授業の運営と子どもたちの評価に役立つことが書かれています。例えば、このフォルダーのおかげで、必要なものや読みかけの本を探す必要もなくなりますし、教師は一人ひとりが読んでいる本を簡単に把握することができます。

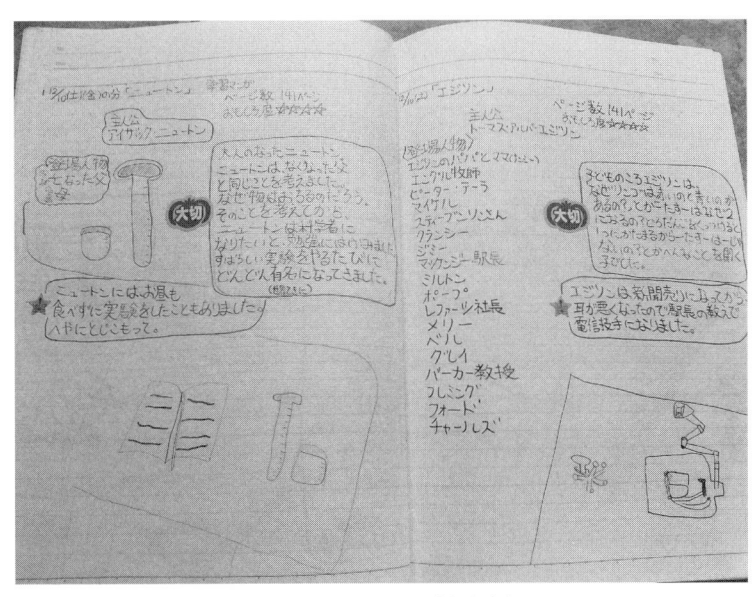

第 2 章 読書環境をつくろう──読書家の時間をサポートする環境づくり　43

読書ノートの写真（中学年）

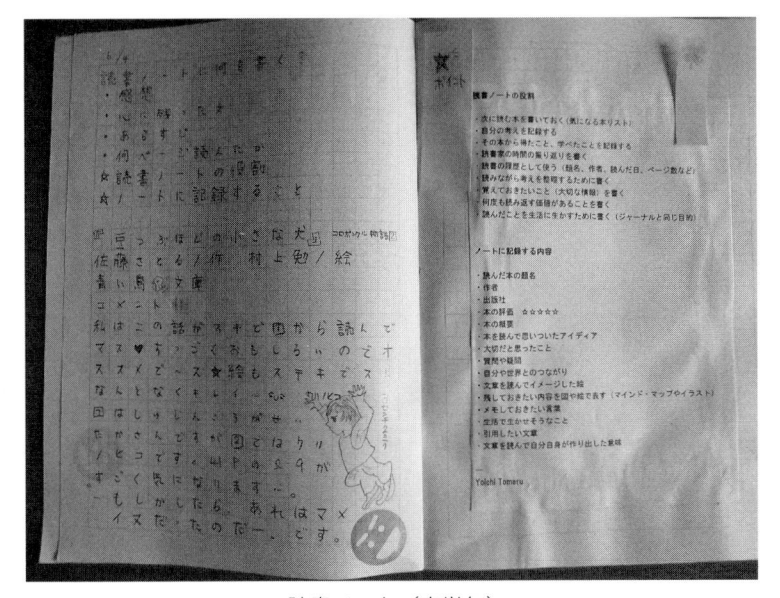

読書ノート（高学年）

個人フォルダー

　個人フォルダーには様々なタイプがありますが、プラスチックのタイプや段ボール紙で作られた組み立てタイプのもの（書類フォルダーのようなもの）は使いやすいです。翌年以降も使い続けることを考えると、出席番号だけを個人フォルダーの前面に書いておくこともできます。個人のフォルダーを置く場所を確保するのが難しい場合には、絵本バッグのようなものを机の横にかけて使う方法もあります。

2　人とのかかわりを活かす――教室内のソフト面

　教室内のソフト面を考える場合、読書家の時間で子どもたちが安心して学ぶことができる人間関係や考え方が大きな土台となります。子ども同士が、温かく肯定的で、ゆるやかにつながっている関係、と言い換えることもできます。子どもにとって居心地のよい人間関係は、円滑なコミュニケーションを生みます。その関係のなかでは、コミュニケーションが得意でない子どもも一緒に成長しやすくなります。
　一人ひとりが自立した読み手になるためには、楽しく意欲的に学んだり、自分の課題に気付いて試行錯誤したりすることが必要です。一緒に学ぶ仲間から元気と勇

気をもらえる状況でこそそれが可能であり、子どもたち自身がこの目標に向かって、臆することなくチャレンジできるのです。たとえ失敗することがあっても、それが次の学びにつながり、成長の手がかりとなるのであればそれは失敗とは言いません。

　こうした目標に向かって学ぶ子どもたちは、当然、みんな同じではなく、それぞれの学び方、成長の速度、嗜好、得手・不得手などが違います。そのような一人ひとりの違いこそを大切にし、確実に自立した読み手へと成長を促すのが読書家の時間を支える考え方です。だからこそ、読書家の時間では、カンファランス（第4章参照）をとても大切にしています。カンファランスがあることで、個々の子どもたちに目が向けられるからです。

　このような考え方を教師は理解し、意識し、実行する必要があります。同時に子どもたち一人ひとりの違いはよいことなのだという価値観をもつことも大切です。それによって、教室の「風土」がつくられていくのです。

　一人ひとりが認められ、違いを前提にした学び方であること、それぞれが自立した読み手を目指していくこと、ともに学ぶ仲間をつくるのは自分たち自身であることなどの目標を共有していきましょう。もし、それが十分でないと、自分にあった本を読むという大切な行為が違う意味をもつことにもなります。例えば、難しそうなものを読んでいる子どもを優れていると評価したり、そうでないものを読んでいる子どもは劣っているという評価をしてしまうことにつながってしまいます。「自立した読み手になる」という大きな目的は、「一人ひとりはそれぞれ違う。だから、スタートは同じじゃないかもしれないけれど、それでよい」という一人ひとりの現在の状況を肯定的に受け止めあうことから始まります。そこから生まれる風土は、それぞれを認めあい、ともに支えあって成長していこうという気持ちを同時に育てることにつながります。

　年度初め、終わりに実施するアンケートは（213～214ページ参照）、一人ひとりを理解していくために必要なツールとなります。また、必要に応じて、このアンケートを補う形で個人やグループを対象にインタビューを行うこともあります。そこから得られたこととカンファランスをもとにして、子どもたちの今ある現状に寄り添いながら教室内のソフト面の環境を整えていきます。

3 保護者や大人とのかかわりを活かす──教室外のソフト面

　教室外の環境としては、まず保護者の存在が挙げられます。本を揃えることをはじめとして、保護者との連携によって様々なことができるようになります。本を揃える、読み聞かせをお願いするというようなクラス全体に対するサポートだけでなく、家で読む時間を確保したり、親子で本について話し合ったりするなど、読むことへの直接的なかかわりを促す働き掛けをお願いしましょう。

　保護者とのかかわり方においては、言うまでもなく「よい協力関係」を築かなければなりません。管理職や同じ学年の教師にも自分の実践を伝えて、理解を得ておきましょう。また、先ほど説明したような、公共図書館からの団体貸出についても校内で情報を共有しておけば他の教師との協力や対話にもつながります。以下で、具体的に説明していきます。

1　保護者との様々なかかわりを増やす

　保護者に読書家の時間を知ってもらい、その意図や目的を理解しサポートをもらうためには、説明をするだけでなく、実際に体験をしてもらうことが有効です。保護者会などで行うことがよいでしょうが、時間があまりない時は「考え聞かせ」(30～31ページ、76～77ページ参照) を体験してもらってもよいでしょう。もし、時間に余裕がある時には、ぜひ絵本でブッククラブ (144～156ページを参照) を体験してもらいましょう。

　実際に、『100万回生きたねこ』『ストライプ──たいへん！しまもようになっちゃった』『わすれられないおくりもの』を使って保護者とブッククラブをしてみましたが、話も盛り上がり、自然と雰囲気もよくなっていきました。また、以下のような感想も聞かれました。

　　・面白かった。
　　・本について話すことは今まであまりなかったけれど、いろいろなことを考えるのが分かる。

第2章 読書環境をつくろう──読書家の時間をサポートする環境づくり

・授業参観などで子どもの様子を見て、さらに実際に体験してみると、子どもが何を学んでいるのかがよく分かる。
・難しいけれど、大人でも面白いし、話をして読みが深まると思った。

　このような形で保護者との関係ができると、子どもたちが読むことを楽しみ、日常的に本を読む習慣がつくだけでなく、ほかの教育活動にもよい影響が広がっていきます。
　学級通信で保護者に、「子どもの時に好きだった本は？」「おすすめの本は？」「読んでほしい本は？」「最近読んだ本は？」などをアンケートして聞き、一言メッセージを添えて返信してもらうこともできます。その内容を子どもたちに知らせれば、より興味深く読み始めるようになるでしょう。
　特に、低学年の子どもたちは、保護者が子どもの頃に好きだった本と聞くと嬉しいようで、「子どもの時はこういう本を読んでいたのか」「〇〇ちゃんのお家の人の紹介してくれた本だ！」などと興味が増していきます。このような子どもの感想などを学級通信で返していけば、保護者との交流も生まれます。
　これは、読書月間などと連携して「保護者からのおすすめ本」という活動に発展させてもよいでしょう。身近な大人の読書経験を共有できることは、読み手としての成長を想像以上にサポートすることになります。
　これ以外にも、夏休みの「親子ペア読書」がおすすめです。子どもたちはペア読書が大好きですから、「夏休みの宿題は、お家の人とペア読書をしましょう」と伝えると大喜びです。低学年の場合は絵本ですることが多いですが、新聞なども含めた様々なジャンルから選択できるようにすると、「どんな本にしようか？」という相談がきっかけとなって、一緒に書店や図書館へ足を運ぶことになります。低学年の保護者から、次のような手紙をもらったことがあります。

> どんな絵本にしようかという話をしていると、「これはこの前やった、エリック・カールさんの絵本だよ」と子どもが話しました。私が1年生の時には作者のことなんて気にしていなかったので驚きました。楽しみながらも、意識して勉強しているんだ、と成長ぶりが嬉しかったです。

子どもたちの可能性を保護者も一緒に感じ、サポートしてもらえることほど心強く、強力なものはありません。

2 保護者との読み聞かせ交換ノート

　最近は、保護者が読み聞かせに来る学校も多いことでしょう。慣れ親しんだ教師以外の大人の読み聞かせを聞くことで、幅広い「聞く力」が身についていきます。また、教師や司書とは違う視点で選書をしてくれる保護者の存在は大変ありがたいものです。

　ある教師は、読み聞かせに来てもらった保護者と交換ノートをしています。ノートのサイズは、B5版を裁断して半分にしたものです。早朝から来ていただけるこの機会を有効に使うことができ、小さいノートなのでお互いの負担も少なくてすみます。

　ノートには、読んだ本、本の内容や感想などを自由に書いてもらっています。このノートのやり取りは個人的なものにとどめず、読み聞かせをしてもらう他の保護者にも見てもらい、知ってもらいたいことなどは学級便りで紹介しています。

　保護者が行った読み聞かせの時の子どもについての反応は、交換ノートが戻ってきた時に子どもたちに伝えます。保護者からの「よく聞けていた、反応がよかった」「楽しくてまた読み聞かせに来たい」などの話を聞くと、子どもたちは大喜びです。

　読み聞かせノートの書き方は、基本的なこと以外は保護者に任せます。その本を選んだ理由を書いてくれることが多くあります。「季節」「行事」「願い」「昔を思い出して」「自分の子どものリクエスト」「自分の好きな本」など、保護者の選書にも様々な理由があります。また、「今回のために何冊か読んだなかで一番気にいった本です」とか「今まで読んだことのないようなタイプにしました」など、子どもたちのためにチャレンジをしている様子がうかがえます。

　読み聞かせノートを読み合って、大人たちも学んでいることがよく分かります。そして、選書の理由を子どもたちと共有することで、「読み手がモデルである」ということを教師以外の大人から示すこともできます。保護者も、回を重ねるたびにほかの人の読み聞かせの仕方なども取り入れ、読み聞かせの前に「今日、どうして

この本を選んだかって言うとね……」と選書の理由を直接子どもたちに話してくれたり、読み終わったあとに「今日は、読んでいたら、笑い声が聞こえたりして、本を楽しんでくれていることが分かってとても嬉しかったです」と、すぐにフィードバックをしてくれたりと工夫を凝らしてくれるようになります。

3　同学年・異学年との交流

　もう一つ、子どもたちのやる気が上がり、読み手としての学びが促進する方法として、同学年の他のクラスや異学年との交流があります。

　同じ学年同士で取り組むことができると、本を集めやすくなります。共同スペースをつくり、そこに本を置いているという教師もいます。また、同じことに取り組むと、掲示物などについても子どもの関心度が高くなるので、互いに刺激を与えるようになります。

　もちろん、読書ノートは、クラスを越えて見あうことで格段に成長するツールの一つとなります。こういう関係になってくると、子どもたちから「〇組はこういう本が流行っているんだって〜」とか「じゃぁ、聞きに行こう」などのやり取りが生まれます。

　このように、子どもたちの学びはクラスの中にとどまることなく、情報交換や本の貸し借りが自然に広がっていきます。便宜上クラス分けがされているわけですが、同じ学年ですから、大人が思う以上にほかのクラスで行われていることは気になるものですし、事実、お互いによく知っています。1、2年すれば同じクラスになるかもしれない同学年の子どもたちですから、学習での交流を深め、読み手としての自立を促すことと同時に、保護者に対しても子どもたちがつながることによって学び合っていることを伝えることもできます。

　同じ学年ということであれば、ほかの学校の子どもたちとの交流も可能でしょう。地域による違いの面白さを感じ、さらに開かれた社会で学ぶ関係が生まれていきます。具体的には、掲示物・ノート・写真などを交換したりすることが一番取り組みやすいですが、それぞれのクラスで本の紹介文を書いて交換するといった工夫もできます。

次に、異学年との交流です。一番簡単なのは、教師が前年度に受け持っていた子どもたちの学習成果を共有するという方法です。そのためにも、読書ノートのコピーをとっておいたり、前年度のアンケートなどを保存しておきましょう。
　クラスの子どもたちに、「これから読書家の時間をするみなさんへ！　『読書家の時間』ってこんな学び方」というテーマで紹介文を書いてもらっておくことも有効です。その年の子どもたちは、このまとめで自分の読み手としての１年を振り返ることができるうえに、次年度の子どもたちに活かされるわけですから一石二鳥です。教師だけでなく、身近な先輩たちもこれから学ぶモデルとなるわけです。
　これ以外の異学年との交流としては、お気に入りの本の読み聞かせ、お話発表会、朗読会などが挙げられます。これらを行うことで、他学年とのつながりがますます深くなってきます。
　１年生は、幼稚園や保育園見学などの時に発表するのがよいでしょう。お兄さんお姉さんになった気持ちにもなり、子どもたちは精いっぱい準備をするはずです。２年生なら生活科での交流の多い１年生へ、そして高学年であれば、下の学年だけでなく総合的な学習で交流のある施設で朗読会を開くというのもよいでしょう。
　それぞれの対象にあわせて、聞き手を意識しながら話のまとまりを考えて分かりやすく声に出したり、話の展開、場面などが分かるように音読したりするなど、朗読の練習をしておきます。このように、読んだことを様々な活動の仕方で表現することでさらに読む意欲が高まっていきます。
　発表という形式ではなく、作家の時間と関連させて、お気に入りのフレーズを集めた本を作ったり、「読み方指南書」★1のようなものを作ってプレゼントをするというような方法も可能です。以下の文は、本を読めるようになるにはどうすればよいかということについて子どもが書いたものです。

　　さいしょはたくさんたくさん絵本を読むんだよ。かんたんすぎるって思うぐらいでどんどん読むんだよ。そうするとスラスラ読めるようになるよ。絵もたくさん見るのをわすれないでね。そうしたら、絵本じゃないけど字が大きくてかんたんな本を読んでみてね。私のおすすめは『ふらいぱんじいさん』です。開いてみるとびっくりするぐらい字が大きいよ。絵は少なくなるけど、だいじ

ょうぶ。それでもわからないときは、友だちに聞きながら読んだりするといい
よ。ちょっとずつがんばるといいよ。そうすると本がどんどんたのしくなるよ。
（２年生から１年生へ）

　一緒に読む活動も、異学年も含む他クラスとの連携で行うこともできます。どの学年でもできますが、２年生と１年生のペア読書の場合は、絵本なので短い時間で読むことができるし、子どもたちも大好きな活動です。そして６年生の場合、縦割り活動でお世話をする１年生が決まっているということもあるでしょう。
　上の学年にとっては学んだことを活かすチャンスですし、下の学年にとっては身近なモデルから学ぶことのできるよい機会となります。異学年でのペア読書は読み聞かせと似ていますが、さらに一人ひとりがじっくりと読んだり聞いたりすることができるので、豊かなふれあいの時間にもなるはずです。

4　そして、自立した読み手へ——教室外のハード面

　読書家の時間を通して育てたい子どもは、「自立した読み手」です。生涯にわたって自分の読みたい本が見つけられるように、自分たちで本を集めたり、教室の外でも本を探したりする経験を積み重ねられるようにします。

1　保護者の協力を得て本を集める

　保護者には、本を集めるなどの協力をいただけるようにお願いしてみましょう。実際、保護者会や学級通信を使って呼びかけると、教室に本がたくさん集まりました。また、家では読まなくなった本をリサイクル本として教室に寄付してもらうこともできました。家から持ってきてもらった本に、付箋やしおり、カードなどを使

---

(1) 作家の時間およびライティング・ワークショップについては、『作家の時間』（プロジェクト・ワークショップ編著）と『ライティング・ワークショップ』（ラルフ・フレッチャー＆ジョアン・ポータルピ著）を参照してください。ともに新評論刊。

って保護者からメッセージを添えてもらうと、子どもたちは「○○ちゃんちのお家の人からだ〜」と喜びますので、無理のない範囲で書いてもらうようにお願いしてください。もちろん、子どもがメッセージを書くのもよいでしょう。

このように、家から本を持ってきてもらうこと以外にも、保護者に「読み聞かせ会」のようなものをつくってもらって公共図書館に団体登録をしてもらうと団体貸出が可能となります。先にも述べましたが、地方自治体によって差はありますが、学校よりも多くの本を団体貸出してくれる場合もあります。筆者らのメンバーの一人が住む市立図書館では、団体登録をしていれば300冊の本を3か月間にわたって貸してくれています。

2 公共図書館の利用

団体貸出の時、意識して公共図書館のレファレンスサービスを子どもたちとともに利用すると、後日、図書館でサービスを受ける時のよい練習となります。ただ借りるのではなく「レファレンスサービス」というものがあること、実際に足を運んだ時に司書にお願いをすると、本についての相談に乗ってくれたり、探していることの内容についても教えてもらうことができるなど、調べたりする時にもとてもよいサービスがあるということを子どもたちにしっかりと伝えましょう。

実際に公共図書館でレファレンスサービスを受けた体験談を、教師が話すこともおすすめです。

「昔、『○○』っていう雑誌で○○という作家が特集されていて、そのインタビュー記事をもう一度読みたいのだけれど、いつのものかが分からないのですが……という相談をしたことがあります」

このような相談結果を子どもたちに伝えることで、書籍だけでなく雑誌や新聞なども公共図書館には置いてあることが分かります。使い慣れていない子どもたちが、「え!? そんなことも聞けるの?」と思うようなレファレンスモデルをあえて示すようにします。これによって、学校の図書館とは違う特徴をもっているということが教えられます。

実際、1年生がブラックホールに興味をもち、「ブラックホールに吸い込まれた

第2章 読書環境をつくろう──読書家の時間をサポートする環境づくり　53

公共図書館の団体貸出で複数冊揃えた本

らどうなるの？」という質問をしたところ、それに関する本を何冊か紹介してもらうことができました。発達段階にもよりますが、低学年でもこのような例を挙げることでレファレンスサービスについて示すことができますので、広い視野をもって教えていきましょう。

　学校によっては、低学年の生活科のまち探検の時に公共図書館の見学ができるので、そこで利用の仕方についての説明を受けることができます。もし、校区近くに図書館がない場合には、公共図書館の学校担当者に連絡を取って相談をしてください。そうすると、学校まで図書館の使い方について説明に来てくれることもあります。

　このようなサービスによって、実際に図書館へ行くことが難しい場合でも子どもたちと公共図書館をつなぐことができます。場合によっては、子どもたちが出向くことなく貸出カードの発行をしてくれることもあります。また、高学年ならば、インターネットの検索を使って公共図書館の蔵書や貸出状況を見ることもできます。教室の外の本とのかかわりを促す様々なミニ・レッスンを通して、教室外とのつながりも大切にしていきたいものです。

コラム❸ 子どもの変容
――保護者にも伝わった若南さんの成長（3年生）

　3年生の女の子、若南さんのお母さんからもらった手紙の一部を紹介します。

　　実は、娘は2年生まではあまり本をたくさん読む方ではありませんでした。
　　3年生の4月のスタートの時から徐々に変化が現れました。
　　新しいクラスになって2日目に、先生から「家にある本を一冊持ってくるように」と言われたと言って、本を探し回りました。
　　一週間後くらいには、「ついに明日からヒロキ図書館（注：教室の図書コーナーのこと）がオープンする」と言って、目をキラキラさせていました。
　　それからというもの、朝は他の友達より早く行かないと読みたい本が読めないと言いながら急いで学校に行くようになりました。「どんな言葉かけをするとこんな風になるのか」と驚くほどでした。
　　小さな、教室にある図書館から、自分で本を選ぶ楽しさを知ったのかもしれません。そのうちに、学校の大きな図書室からも毎日本を借りてくるようになりました。
　　読書ノートにも夢中になっています。家では、1～2時間くらい、考えをまとめたり、やり直してみたりしています。友達に紹介するために、あれこれと工夫しているようでした。
　　特に『マジック・ツリーハウス』を読んでいたときには、世界の事や登場する歴史上の人物に興味をもち、よく話をしました。そして今度はその人物の伝記を読み始め、多くのことを学んでいるようでした。
　　本が大好きになったことは、一生の財産です。先生には本当に感謝しております。
　　小学3年生のとても素直なこの時期に、素敵なきっかけを与えてくださり、ありがとうございました。

　若南さんは読書を続け、4年生の9月には「読書貯金」（読んだページの合計記録）が9,500ページを超えるまでになりました。あと少しで10,000ページというところで若南さんは転校することになり、その前に、若南さんがどうして本を好きになったのか、インタビューをしてみました。

教師　本は好きではなかったのに、自分からこんなに読むようになったのはなぜ？

若南　「読書貯金」を始めてから、気付いたら本を読むのが普通になってた。読んで気に入った本がシリーズだと、続きがどんどん楽しみになるの。例えば、『マジック・ツリーハウス』とか、『ルドルフとイッパイアッテナ』とか、『若おかみは小学生』、とか。伝記にもはまっちゃって、モーツァルトとか、ヘレン・ケラーとか、ナイチンゲールとか、いろんな人の本を読んじゃった。

教師　なるほど。すごいねえ。読書家の時間で、一番楽しかった思い出は何？

若南　ペア読書！

教師　その理由は？

若南　自分だけの感想じゃなくて、友達が思っていることを聞けるのが楽しい。友達と読むと、ペア読書が終わっても、友達の読んでいるほかの本も読みたいなって思った。

教師　ふうん、だから、二人はどんどん仲良くなっていったんだね。最後に、本が好きになって、どんないいことがあった？

若南　お父さんとお母さんにいつも言われるんだけど、まず、習ってない漢字や言葉が分かるのでよくほめられる。「若南はよく本を読んでるから分かるんだね」って。それから、いろんな人や歴史のことが少し分かって、「あ、そのことは、あの本で読んだ」って思えることがたくさんある。

教師　ありがとう。転校しても、ぜひ読書ノートは続けてね。そして、大きくなったら、先生たちがやっている大人のブッククラブに来てね。

　そう言ったあと、読書家の時間を続けるきっかけとなった本『ギヴァー――記憶を注ぐ者』に次のようなメッセージを書いて、若南さんにプレゼントをしました。

　「一冊の本が人生を変えることがあります。」

　いつか、若南さんと再会して、本について語り合う日が来ることを楽しみにしています。

読書家の時間の1時間の流れ

　読書家の時間の1時間は、クラス全員で行う①「ミニ・レッスン」から始まります。その後、②「ひたすら読む時間」、最後は③「共有の時間」で終了します。

　この1時間の流れを、年間計画をもとに年間を通して行います。私たちが実践のベースにした『リーディング・ワークショップ』（63～64ページ）には、一人ひとりの子どもが行う学習自体が複雑で変化に富んだものなので、子どもにとって予測のつきやすい枠組みで毎回の授業を進めることの大切さが書かれています。年間を通して授業の流れを同じにすることで、子どもたちはより主体的に本を読んだり、考えたり、話し合ったりすることができ、次の活動への見通しをもつこともできるからです。

　次ページ図をご覧ください。まず、授業の初めの「ミニ・レッスン」（第3章参照）で、全員に教える必要があると選択した内容を、教師はクラス全員に短時間で教えます。

　ミニ・レッスンのあとは、「ひたすら読む時間」です。図の真ん中の部分です。この時間に、教師は、一人ひとりの読んでいる様子を観察しながら、その子どもに必要なことを教えていきます。これを「カンファランス」（第4章参照）と言います。この部分の右側にも示されているように、いつも一人だけで読むわけではありません。年間を通してみると、学年にもよりますが、読む時間の約30％程度は、「ペア読書」や「ブッククラブ」（どちらも第7章参照）などで、友達と交流しながら読んでいます。子どもたちの課題から、教師は個人に対してのカンファランスだけでなく、ペアやブッククラブなど、複数の子どもたちを対象にカンファランスを行うこともあります。

　また、この時間中に、同じ問題を抱えている子どもを集めて、教師が「ガイド読み」（第6章参照）で教えることもあります。

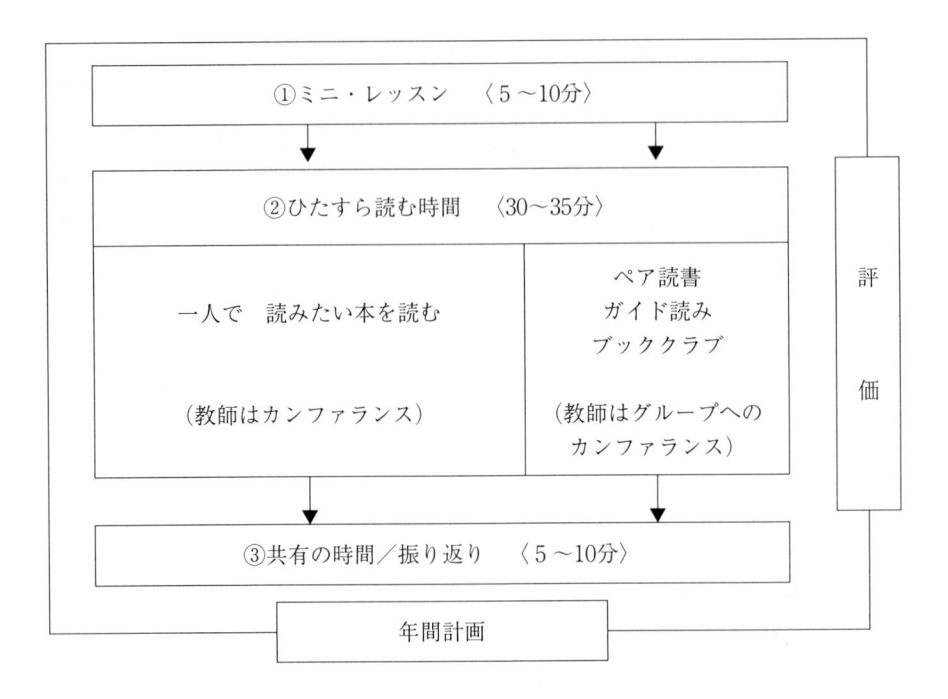

```
┌─────────────────────────────────────────────────┬──────┐
│  ①ミニ・レッスン 〈5〜10分〉                    │      │
│           ↓                                     │      │
│  ②ひたすら読む時間 〈30〜35分〉                 │      │
│  ┌──────────────────┬──────────────────┐        │ 評   │
│  │                  │  ペア読書        │        │ 価   │
│  │ 一人で 読みたい   │  ガイド読み      │        │      │
│  │ 本を読む         │  ブッククラブ    │        │      │
│  │                  │                  │        │      │
│  │(教師はカンファランス)│(教師はグループへの│        │      │
│  │                  │ カンファランス)  │        │      │
│  └──────────────────┴──────────────────┘        │      │
│           ↓                                     │      │
│  ③共有の時間／振り返り 〈5〜10分〉              │      │
├─────────────────────────────────────────────────┴──────┤
│              年間計画                                   │
└─────────────────────────────────────────────────────────┘
```

図：読書家の時間の1時間の流れ

　1時間の最後は「共有の時間」(第5章参照) です。どの時間の終わりにも、その時間に学んだことについて振り返ります。共有の時間をもつことで、学んだことが身についたかを確かめたり、学び方について改善したりして、自分の学びに主体性と責任がもてるようにします。そして、明日への学びにつなげていきます。

　以上が、1時間の中で行われることですが、これらと切り離せない二つの大事な要素である「評価」(第8章) と「年間計画」(第9章) についても触れます。評価は日々行われるものですが、年間計画は年度当初に数時間の時間を使って作成し、その後は必要に応じて確認したり、修正したりしながら進めていきます。

　以下の章で、上に示した読書家の時間の1時間の枠組みのなかで、教師と子どもたちによって実際にどんな学びが展開されているかについて、具体的に紹介していきます。

第3章 ミニ・レッスン
——教師が全員にしっかり教える時間

　読書家の時間におけるミニ・レッスンとは、教師がクラスの子どもたち全員に対して、自立した読み手として成長していくために必要なことを教える時間のことです。

　ミニ・レッスンは、通常、5〜10分という短い時間で行うようにします。ミニ・レッスンに時間をかけてしまうと、子どもたちが本を読み進めたり、教わったことを活用したりする時間が確保できなくなってしまうからです。

　子ども自身がたくさん読まなければ、読むことが好きになったり、読む力をつけたりすることはできません。以下で説明するように、考え聞かせ（31ページの注(2)参照）を使って教えると時間がかかることもありますが、どんなに長くても15分ぐらいで終わるようにします。

　本章の後半ではミニ・レッスンで教える内容を説明します（78〜80ページの表3－3を参照）が、まずは多岐にわたっていることをふまえておいてください。

　読書家の時間が始まってしばらくすると、自分のロッカーに読みたい本を何冊もため込んでしまってほかの子どもが読めなくなる、読書パートナー（142〜144ページ参照）と話す声が大きすぎてほかの子どもが集中できない、といった問題が起こることもあります。『リーディング・ワークショップ』でも強調されていますが、「ミニ・レッスンは、子どもたちを集めて問題解決に取り組む最良の場」（82ページ）でもあることも知っておいてください。

　もちろん、ミニ・レッスンは、教室内に生じた問題だけを見てつくっていくもの

ではありません。教師は学年が始まる前に、年間目標を頭に置いて、どの時期に何を教えようかと思いをめぐらせながら年間計画（第9章参照）をつくりますが、その年間計画を土台にしてミニ・レッスンも計画します。そして、必要に応じて修正を加えつつ、読書家の時間の年間目標が達成できるように進めていきます。

　また、カンファランスを進めていくと、個人やグループのカンファランスだけにとどめず、クラス全体に教えたほうがよいポイントが見えてくることもあります。共有の時間での子どもたちの振り返りから教師がヒントを得て、そこからミニ・レッスンを計画することもあります。

　ミニ・レッスンの内容によっては、何回かに分けてシリーズとして行っていくことでより確実に身につくこともあります。例えば、ノンフィクションを読む時の「おすすめの方法」について何日かに分けて紹介をします。目次の読み方、筆者の一番言いたいこと、目的をもって読むこと、同じテーマのものを複数読むことなど、いくつかのミニ・レッスンをシリーズ化することで1回のミニ・レッスンの時間を長くても10分程度に抑えることができます。

　また、ミニ・レッスンで教えたことがしっかりと子どもたちに定着するように、画用紙や模造紙に書いて教室に掲示したり、必要な時に取り出して、再確認することも効果的です（38～39ページ参照）。

　それでは、筆者らのプロジェクトの教師と子どもたちが、どのようにミニ・レッスンをつくり、実践してきたかについて以下で具体的に紹介していきます。

1　ミニ・レッスンの実践例

1　読書生活をつくり出すミニ・レッスン（3年生）

　子どもたちは、自分の先生がどんな本をどんなふうに選んで読んでいるかについて興味をもっています。身近なお手本である教師の読書生活を具体的に示すことによって、子どもたちは「先生みたいに読んでみたい」と感じるはずです。教師が身近にいる先輩の読書家となり、実際に行っていることを伝えることで、子どもたち

も自らの読書に応用できることを考え始め、さらなる一歩を踏み出すことになるのです。以下では、3年生の教室からその様子を紹介していきます。

複数の本を同時に読むことを教えるミニ・レッスン

　読書家の時間を始めて約2か月が経った頃、授業の合間の休憩時間や給食の待ち時間など、ちょっとした隙間の時間にも本を読み始めるという子どもたちが増えてきました。この日のミニ・レッスンで教師は、複数の本を同時に読むことがあってもよいということを教えようと考えました。この日は子どもたちと対話をしながら行ったので、約12分かかっています。

教　師　みんなの個人フォルダーを見ていると、読みたい本がたまってきている人が多いようですね。とってもいいことです。『マジック・ツリーハウス』のシリーズにはまっている人のなかには、読んでいる途中に「次に13巻も読みたいから、ゆうちゃん予約ね」なんて言っている声が聞こえますね。でもどう？　いっぺんに何冊も読めるの？

子ども　読めないよー。

教　師　じゃあ、1冊が完全に終わってから次の本を読むっていう感じ？

子ども　（ほとんどの子が）そう、そう。

教　師　ふーん、そうか。じゃあ今日は、先生がいつもしている本の読み方を教えますね。驚かないでね、先生はいつもだいたい3～4冊の本をいっぺんに読んでいます。

子ども　（口々に）えーっ！

教　師　（3冊の本を出して）これはね、図書館で借りている本なの。だから一番早く読まなくちゃいけない本。そしてこれはね、7月にほかの先生たちとブッククラブをするからそれまでに読まなくちゃいけない本。見て分かるように、ちょっと重いよね。それからこれはね、短編小説といって、短いお話がいっぱい詰まった本で、軽い本。どうやっていっぺんに読んでいると思う？

子ども　1日おきとか？

子ども　気分によって変えているの？
教師　なるほど……それもいいね。でも実は、先生はこの3冊を読む時間や場所を分けています。一番軽いこの本は鞄の中に入れておいて、電車で読んだり、ちょっとだけ時間ができた時に読んだりしているの。
子ども　ふうーん。
教師　（重い本を上げて）これは、いつ読むと思う？
子ども　家？
教師　当たり。とっても重いからね……これは枕元に置いています。いつも寝る前に少しずつ読み進める本です。ただし、最近はすぐ眠くなっちゃうからなかなか進まないんだ。じゃあ、最後のこの図書館の本はいつ読むと思う？
子ども　いつでも読む、だって返さなくちゃ。
子ども　とにかく急いで読む。
教師　そうそう、当たり。期限は守らなくちゃいけないよね。だから、この本は休みの日に時間をつくって読みます。そうはいっても、一番集中できる1時間ぐらいと決めて読むことが多いかな。
子ども　1時間で、それ全部読めるの？
教師　この厚さでは読めません。でもね、読めなかったらまた次の土曜日か日曜日のどこに時間をつくろうかと考えるの。続きが楽しみだから、とっても楽しい作業です。そんなことを繰り返して読み進めていきます。

　子どもたちは、教師の読んでいる本や読書生活に対して興味津々です。ほかにも様々な質問をしてきます。

子ども　じゃあ、先生はいっぺんに何冊読んでいるの？
教師　先生はね、みんなに紹介したい本をいつでも探しているからね、そういう本が手に入るといっぺんに4冊くらいの本を読んでいる時もあります。
子ども　本当？？？
教師　うん。みんなのなかにもそういう人いない？

子ども	私は、学校で読んでいる本のほかに、家で読んでいる本があります。
教師	あやさん、すごいね。先生もね、よく3種類くらいの面白さを味わっています。こういう読み方を、白と黒が代わりばんこに出てくることにたとえて「パンダ読み」と言ったり、虹色みたいに様々な楽しさを味わうから「レインボー読み」って呼んでいる人もいます。
子ども	やってみたいなあ、先生、2冊借りてもいいですか？
教師	もちろん、いいですよ。早速、みんなも挑戦してみましょう。

このクラスでは、これ以降、「パンダ読み」と「レインボー読み」という言葉が日常生活のなかでも使われ始めました。

2 年間計画から生まれるミニ・レッスン （5年生）

年間計画では、9月に「詩」を教えることにしていました。多くの教室で行われている詩の授業は音読と解釈が中心になっていますが、この教室では、これまで教師が培った「自分で本を選び主体的に読む力」を活かしたいと考えました。

教科書にある一編か二編の詩で読み方を教わったとしても、それを活かす場がなければあまり意味はありませんし、子どもたちが興味をもって詩を読むことにもつながりません。そこで、まずはたくさんの詩を読み、楽しめるようにしようと考えました。つまり、読み方を教えることよりも「詩にひたる」ことを大切にしたほうがよいと思ったのです。早速、市立図書館の団体貸出を利用して、詩の本50冊を借りて教室に置きました。貸出期間は1か月です。

詩のミニ・レッスンは複数回行いましたが、そのうちの最初の2回を以下に紹介します。1回目は10分、2回目は15分の時間を必要としました。

〈ミニ・レッスン1〉たくさんの詩を読んでお気に入りの詩を見つけよう

黒板に、教師が次のように書きました。

・気に入った詩はノートに書き写してみよう。

・その詩のパターンを探してみよう。

同時に、「あるものになりきって書く」とか「あるものを別のものにたとえて書く」などの詩のパターンを書いた掲示物（表3－1）も貼りました。

表3－1　詩のパターン

- あるものになりきって書く（『のはらうた』のように）。
- あるものを別のものにたとえて書く。
- 自分が経験したことについて考えたこと、思ったことを書く。
- 言葉で遊びながら書く（谷川俊太郎やねじめ正一の詩のように）。
- 想像したことを自由に書く（子どもが書いた詩集『たいようのおなら――児童詩集』のように）。
- あるものをよく見ることで、思い浮かんだことを書く（三好達治やまどみちおの詩のように）。

その後、教師はいくつかの詩のパターンにあてはまる詩を読み聞かせました。工藤直子の『のはらうた』、そして谷川俊太郎、三好達治、ねじめ正一、まどみちおの詩などです。教師が「今から自分で詩を読み、気に入ったものが見つかったらノートに写して、その横に詩のパターンをメモしよう」と言って、ひたすら読む時間を始めました。

ほとんどの子どもは詩を読み、書き写し、詩のパターンを探すことに集中していたので、共有の時間は約3分だけとり、2人の子どもの選んだ詩とそのパターンを紹介しました。そして、「次回は、詩を読んで浮かんだ景色を頭の中で思い浮かべよう」と予告しました。

〈ミニ・レッスン2〉　1枚の絵を思い描くように詩の言葉を味わおう

教師　先生が今日のミニ・レッスンを思いついたきっかけはね、ある本を読んだことだったんだ。それがこの本だよ（谷川俊太郎の『詩ってなんだろう』を見せる）。これを読んでいた時に、「いちまいのえをかくようなつもりで、つくってごらん」（74ページ）と書いてあったんd。俳句だけでなく、これは詩でもできそうだな、と思いました。読んでいて、1枚の絵が頭に浮かぶような詩ってすてきだなと思ったんだよ。

第3章　ミニ・レッスン――教師が全員にしっかり教える時間　65

　今から先生が黒板にある詩を書くから、頭の中で絵を描きながら読んでみてごらん。上手に描けなくてもいいからね。何と言っても、頭の中で描くんだからね。

　　　「土」　　　三好　達治
　　　蟻が
　　　蝶の羽をひいて行く
　　　ああ　ヨットのようだ　（『国語五銀河』光村図書、2011年、165ページ）

　では、先生が一度読みます。もう一度、頭の中に絵を描いてごらん。（教師が情景をイメージしながら声に出して詩を読む）
　じゃあ、みんなも読んでみようか。（子どもたちが2、3回、全員で声を出して読む）三好達治という人が書いた詩です。どんな絵が浮かんできたかな。

子ども　アリが一生懸命に蝶を引っ張っている絵。
子ども　すごく暑い日に、アリが一匹で蝶を引いている。
子ども　蝶がヨットで、アリがヨットを操縦する人みたいなイメージ。
教　師　なるほど。これって三好さんのものの見方だよね。蝶をよく見ることでヨットを思い浮かべたんだね。先生は、なぜ題名が「土」っていうのかが気になっているんだけど、このことについては何か考えた人はいるかな？
子ども　ああ、そういうことか！　土を海と見ているんだ。
子ども　だから「土」という題名にしたのか！　すごいな。
教　師　蝶を運ぶアリから広い海に浮かぶヨットをイメージしたんだね。こういう詩人の見方というのは読んでいて楽しいね。色はイメージできるかな。詩の言葉には出てこないけれど。
子ども　ヨットは夏の海に浮かぶイメージだから、蝶は白だと思う。あとはアリが黒くて、土が茶色。
教　師　詩人というのは、何色という言葉を使わずに読む人に色や絵をイメージ

させてしまうんだね。今日はこれから詩を読む時間にするけど、ほかの詩を読む時にも、頭の中に絵や連続写真を描くような感じで読んでみようね。それでは、詩のコーナーから今日読む詩を選んで読み始めましょう。

　イメージしたことを、実際に絵を描いてみるのも一つの方法です。描いた絵を友達同士で見比べると、イメージのずれを知ることができて面白いのです。イメージを具体化する作業は、想像力を働かせることにもつながります。
　このように、1か月間にわたって詩にひたり、そしてそこから触発されて書きたい詩をたくさん書いていくという「詩の月間」が展開されました。読むことと書くことを連動させて行うことは、とても効果的と言えます。

3　カンファランスから生まれるミニ・レッスン（2年生）

自分にぴったりあった本を選ぶミニ・レッスン
　読書家の時間に慣れてきた5月、2年生の教室で繰り広げられた「ひたすら読む時間」の様子です。
　まことくんは、読んだ本のページ数をためていくことが楽しくて、次々に教室の図書コーナーにある本を読んでいます。そして、一人ひとりが使っている読書カードに、読んだ本とそのページ数を書き入れています。ところが、まことくんの隣の

教室の図書コーナー

第3章　ミニ・レッスン——教師が全員にしっかり教える時間

席に座るかなこさんが教師の所に来て、こんなことを言いました。
「先生、まことくんは、同じ本を何回も読んで、同じ本の名前を何回もカードに書いているけど、そんなことしていいの？」

　かなこさんが話すのを聞いて、まことくんは不安そうな顔をしています。教師はかなこさんに、「教えてくれてありがとう。まことくんはきっとその本が好きなんだね。みんなで考えたい、いい問題が生まれたね」と言って、まずはまことくんとカンファランスをすることにしました。

教　師	まことくん、ずいぶんたくさん読んだねえ。もう、何ページたまったの？
まこと	500ページをこえちゃった。でも……。
教　師	すごいねえ、もう、そんなに読んだの。でも、何だか元気がないね、どうしたの？
まこと	かなこさんに、「同じ本を何回もカードに書いて、ずるい」って言われちゃったんだ。
教　師	そうか、それは困ったね。どれどれ、見せて。

　まことくんのカードには、なるほど、お気に入りになってしまった『じごくのそうべえ』の題名が何回も並んでいます。

教　師	まことくん、『じごくのそうべえ』、こんなに気に入っちゃったの？
まこと	うん、だっておもしろいんだ。
教　師	そうか、それもいいんだけどね……、ひたすら読む時間はいろいろな本を読んでもいいんだよ。
まこと	そうだけど……好きな本がなかなか見つからないよ。
教　師	ああ、そうか。まことくんは好きな本を読みたいんだね。

　まことくんのカードをよく見ると、『じごくのそうべえ』のほかに『あいさつ団長』『そのつもり』『じてんしゃにのるアヒルくん』など、これまでに教師が読み聞かせた本ばかりが並んでいました。

教師は、まことくんが新しい本に挑戦できずにいること気付きました。もしかしたら、自分一人で初めての本を読むことに不安があるのかもしれません。まことくんの読み方をていねいに見取っていこうと思いながら、次のように声をかけました。
「まことくん、クラスの図書コーナーにはたくさんの本があるからね、まだ読んだことのない本に挑戦してみても面白いよ。どんなふうに本を選んだらよいか、みんなで考えていこうね」

　教師は、選書、特に新しい本を手に取ることについてのミニ・レッスンをする必要があると考えながら、ほかにもこのような子どもがいないか確かめようと教室内を歩きました。読む様子やカードに書かれている題名を見ると、教師が読み聞かせた本はやはり人気となっており、取りあってジャンケンをする様子も見られます。
　次の時間のミニ・レッスンです。

教　師	みんなの読書カードにはずいぶんページがたまってきたみたいだけど、今日は、みんながどんなふうに本を選んでいるのかについて教えてください。
子ども	まず、本の題名を見て、パラパラってめくってみます。それで、読みたくなったら読む。（ほかの子どもたちも、そうそうと声を挙げる）
子ども	つけたし、なんだけど、題名で「あ、おもしろそう」っていうのをまず見てみる。
教　師	例えば、どんなふうに？
子ども	だからね、『メチャクサ』ってあるでしょ。なんだろう、おもしろそうって思って選んでみたら、やっぱりおもしろかったよ。
子ども	表紙の絵で選ぶこともある。（そうそう）
教　師	ふうん、なるほど。まだある？
子ども	…………。（手が挙がらない）

　教師はここで、「友達の紹介で読んでみておもしろかった」と言っていたかずきくんの話をみんなにしてもらおうと考えました。

教　師	かずきくん、なんだかこの前、「いい本みつけた」って言っていたじゃない。あれ、どうやって見つけたんだっけ？
かずき	やすくんが「これ、おもしろいー」って教えてくれた。『がいこつさん』だよ。
教　師	そうだったね。そういうふうに見つけた本を「友達のおすすめ本」って言うの、知っている？
子ども	（みんなそろって）知ってるー！
教　師	ほかにも本の選び方がありそうね。
子ども	読んだことのない本を読んでみたい。
子ども	友達の読書カードを見せてもらうといいかも。
子ども	好きな本はやっぱり何回も読みたいよ。
教　師	好きな本が見つかるのはいいことだけど、ちょっと読んでみて、「ああ、面白くないなあ」って思った時、みんなはどうしているの？　先生は、自分にあわない本は無理に読まなくてもいいと思っています。いろいろ読んでみると、自分にあうピッタリな、ワクワクする本を見つけることができるから、あわない本はやめちゃいけない、なんて思わないでいろいろな本を読んでみようね。もしかしたら、前にあわなかった本も、あう時が来るかもしれないから。もちろん、友達のおすすめ本や友達の読書カードを見て新しい本を選ぶのもいいね。では、今日も読む時間のスタート。

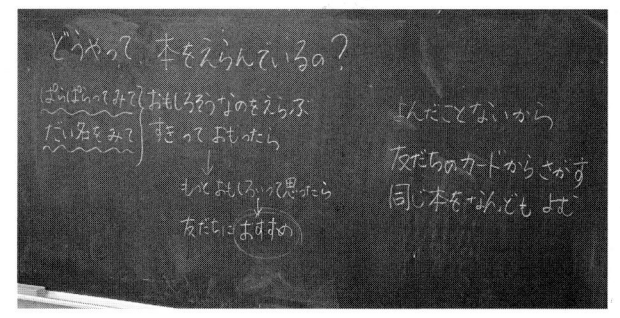

ミニ・レッスン「板書」

まことくんの様子を見ていると、先ほどのミニ・レッスンで話題になった『がいこつさん』に手を出していました。この本は文が少なく、まことくんにとっては読みやすかったようです。小さな声で「新しい本どうだった？」と尋ねると、「おもしろい！」と答えました。自分からチャレンジしたことをほめ、「この調子」と励ますと、まことくんは嬉しそうににっこりと笑いました。

4 共有の時間から生まれるミニ・レッスン（4年生）

ペアで話しながら読むことを教えるミニ・レッスン

読書家の時間にも慣れてきた4年生の7月、この教室では2回目のペア読書(139～142ページ参照) が行われています。前回の共有の時間に「困っていることがある」と訴えたしゅうくんとはるおくんのために、教師は、「次の時間のミニ・レッスンでは、みんなでこの問題を解決したいから、どうしたらよいか考えておいて」と投げかけておきました。このミニ・レッスンは約8分です。

教師は、しゅうくんとはるおくんに、何が困っているのかを改めて聞きました。

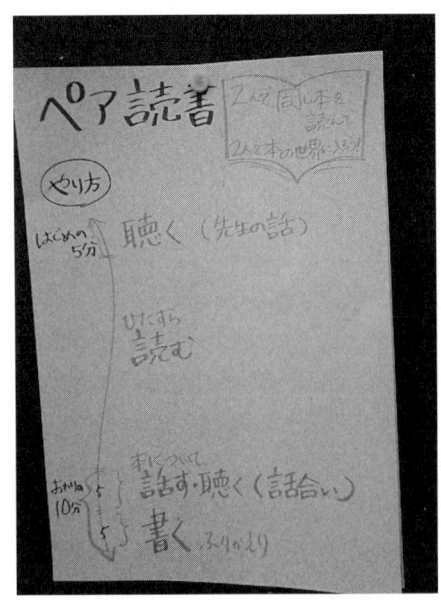

「ペア読書の流れ」の掲示物

教　師　しゅうくん、はるおくん、この前のペア読書で「困ったことがあった」と言ったけど、もう一度何に困っているのか教えてくれる？

しゅう　2人とも『ルドルフとイッパイアッテナ』を決めたところまで読んだんだけど、どうしても、話し合う時に話が止まっちゃう。

第3章　ミニ・レッスン──教師が全員にしっかり教える時間

教　師　そうか。はるおくん、付け足すことある？
はるお　何を話したらいいか分からなくなる……。
教　師　なるほど。誰か、助けてあげられるペアはいるかな。

　ここで教師は、すぐに答えを言わずに、子どもたちの力によってこの問題を解決する方法を教えたいと考えました。子どもたちは、前の共有の時間から考えていたこともあり、次々に手を挙げました。

子ども　まずは、おもしろかったこととか、「いいよねーここ」とかを言いあう。
子ども　質問しあったりすると結構おもしろいよ。ズバリ、「書いてあることクイズ！」
教　師　なるほど、クイズね。この前、ゆうやくんとまさはるくんは「あらすじクイズ」をしていたもんね。あんな感じかな？
子ども　うんうん。
教　師　しゅうくん、はるおくんペア、「いいよねー、ここ」とか「書いてあることクイズ」はできそう？
しゅう・はるお　やってみる。
教　師　ほかに、何か困っているとか、どうしようってことありますか？
子ども　先生、読む速さがあわない時が……やっぱり困る。
教　師　ああ、そうか。そういうペア、どのくらいある？
　　　　（3ペアが手を挙げる）
　　　　こんなペアに、どうしたらいいかを言ってあげられる人いますか？
子ども　そういう時は私たちもあるけど、速いほうの人が遅いほうの人に「どこまで読んだ？」って聞いてあげている。それで、その先のことは話さないようにしている。
　　　　（なるほどー。いいねえ。）
ひろし　つけたし。ぼくらの場合は、「その先教えて」ってたかしくんが言うから、ちょっとだけヒントになるように教えちゃう。
教　師　そうなの？　たかしくん。

たかし	そう、だって、ひろしはすごい速いし、ちょっと聞くと読みやすくなるんだ。
教　師	なるほど、そういう読み方もあるか。たかし・ひろしペアの読み方、とってもいいね。これなら、ペースが違うってドキドキしなくていいもんね。
子ども	でも、先を言われたくない時もあるよー。
子ども	そしたら、待っていてあげればいいじゃん。
教　師	そうそう、すごいすごい。そうやって、お互いのペース問題は乗り越えていこうね。こんなに読んでいたら、絶対に読む力はついてきます。みんな、自分では知らないうちに速くなっているんだよ。先生、さっきのちょっと困っているペアにはあとで「どう？」って聞きに行くからね。じゃあ、今日も始めましょう。

　しゅうくんとはるおくんの様子を観察すると、また新たに読み進めるのではなく、小さい声で「書いてあることクイズ」をやっています。ひたすら読んでいる友達に気をつかっていました。

しゅう	じゃあね……どうして、イッパイアッテナの名前はいっぱいあるのでしょう？
はるお	それは、ルドに最初に説明した時に、「おれの名前はいっぱいあってな」なんて言ったから。
しゅう	ピンポーン。正解。じゃ、次ははるおくんの番ね。
はるお	いいよ。じゃあね、なぜイッパイアッテナは字が読めるのでしょう？
しゅう	それは簡単……（やり取りが続いていく）。

　教師は、本当はまだ話し合う時間になっていなかったのですが、2人ともよく内容を読んでいたことを知っていたので、「その調子でね」とだけ声をかけてほかのペアの所に行きました。

2　6年生の子どもたちの声
——1年間続けてミニ・レッスンを受けて

　読書家の時間で1年間学んできた6年生の子どもたちに、ミニ・レッスンについてインタビューをしました。インタビューから出てきた子どもたちの声を抜粋して紹介します。1時間の授業の初めのわずか5分から10分のミニ・レッスンの積み重ねで、子どもたちはこんなにも読む力をつけていくのです。

①あなたにとってミニ・レッスンとは？
　　・本を楽しく読むための方法を学ぶ時間
　　・読書の楽しさが増える時間
　　・本と仲良くなれるための時間
　　・いろいろな読み方を教わる時間
②ミニ・レッスンで学んだことで、日常の読書生活で生かしていることは？
　　・付箋を貼りながら読むようになった。
　　・同じ作者の本をどんどん追いかけて読めるようになった。『獣の奏者』がおもしろかったので、同じ人が書いた『精霊の守り人』を読んでいる。
　　・自分が好きな本を見つけられるようになった。
　　・同じ本を何度も読むと、自分の読み間違いに気付くことが分かった。
　　・読書ノートに、疑問や驚いたことや自分と主人公の共通点などを書くようになった。
　　・1冊の本の中で、対比や伏線を考えながら読むようになった。
③もし、ミニ・レッスンがなかったら…？
　　・おもしろい本が見つけられなくなる。
　　・本を読まなくなる。
　　・自分の読み方しかできなくなる。
　　・ミニ・レッスンがあるから本が好きになり、学べる気がする。
④これまでの国語の授業とミニ・レッスンの違いは？
　　・ミニ・レッスンで習ったことを使ってほかの本が読めるようになる。

・『ギヴァー』を読んだ時に、予想したり、自分と比べたりしながら読めた。
・いろいろな「読み方」を教わったから、前と比べて考えながら読んでいる気がする。
・５年生までの国語では「読み方」を教わったわけではない。ただ文章を読んだだけ、という感じがする。作品を読んでも、ただ「ふうん、そうなんだ」と思ったり、結果を知るために読んだりすることが多かった。

　子どもたちの回答からも分かるように、ミニ・レッスンは読書生活を生きたものにします。授業で読んでいる時はもちろんのこと、日常の読書生活にも息を吹き込み、より充実させるための時間であると言えるかもしれません。

3　ミニ・レッスンの目的別の分類

　筆者らのグループは、年間計画や子どもたちの様子を見ながら、全員にしっかり教えるべき内容を選択し、ミニ・レッスンを行ってきました。以下では、目的別に３種類に分類し（表３-２）、それぞれのミニ・レッスンについて説明します。

表３-２　目的別ミニ・レッスン

①目的に応じた幅広い読書をするミニ・レッスン
②効果的な読み方を使って解釈や理解を深め、広げるミニ・レッスン
③本や文章を読んで、考えたことを交流するミニ・レッスン

　具体的にミニ・レッスンで取り上げられる内容例は、78～80ページに掲載している表３-３を参照してください。これは、多くの読者が気にかける学習指導要領との対比も意識しています。

第3章　ミニ・レッスン――教師が全員にしっかり教える時間　75

1　目的に応じた幅広い読書をするミニ・レッスン

　読書家の時間を開始してしばらくは、「自分にあった本を見つける（あるいは、あわない本を読むのをやめる）」「読む時間を増やす」「読んだ本を記録する」など、自分で理解できる本を読む時間をしっかり確保するとともに、簡単な記録を残せるように教えていきます。本書の「最初の10時間」（第1章）では、このようなミニ・レッスンの様子を具体的に紹介しました（例えば、5年生の4～6時間目参照）。

　学期が進むにつれ、「目的に応じて複数の本を読む」や「読めなかった本を読めるようにする」「読む目的や読むもののジャンル（物語、絵本、新聞、説明文、詩など）に応じて読み方を変える」などもミニ・レッスンで取り上げていきます。「最初の10時間」で紹介されている「7時間目　教師の本の読み方大公開！　様々な読み方があることを教える」（14～15ページ参照）も参照してください。

2　効果的な読み方を使って解釈や理解を深め、広げるミニ・レッスン

　読書家の時間が軌道に乗り始めたら、教師は「優れた読み手が使っている方法」から何を教えるかを選択していきます。『「読む力」はこうしてつける』の「パート2」（81～187ページ）には、「優れた読み手が使っている方法」として、「関連づける」「質問する」「イメージを描く」「推測する」「何が大切かを見極める」「解釈する」「修正する」「批判的に読む」「自分にあった本を選ぶ」「反応する」が詳しく説明されています。そのなかから、子どもたちに「今、教えるのが最適」なものを厳選して、必要に応じてミニ・レッスンでも取り上げていきます。

　64～66ページで紹介した三好達治の「土」を使ったミニ・レッスンは、「イメージを描く」の一例です。また、「最初の10時間」の26～27ページで紹介されている「イメージしながら読もう――頭の中にテレビができた」も参照してください。

　子どもたちが、様々な効果的な読み方（優れた読み手が使っている方法）を身につけ、それらを使いこなすことで、本をより深く理解したり、新しい考えをつくり出したりすることができるようになります。筆者らのプロジェクトのメンバーが、この読み方を教えるために使った掲示物をまとめた資料を巻末（215～218ページ）

に載せましたので、参考にしてください。

　低学年では、関連づけながら読むを「つながりぴったんこ」、好きなところを見つけて読むを「お気に入りぴったんこ」、質問しながら読むを「なぜかな　なぜかな？」など、子どもたちに親しみやすい言い方に換えてたくさんの読み方に触れられるようにすることもできます。読み聞かせのなかで教えたり、「今日見つけた『お気に入りぴったんこ』は？」などと聞いて共有したりすることを繰り返していくと、子どもたちは効果的な読み方を身につけて読むことができるようになります。

　高学年では、読み方に関する必要なミニ・レッスンを実態にあわせて繰り返します。どの読み方から教えるかについては、実態によって異なりますが、教えた読み方を一つ一つ掲示物に書き足していくと、子どもたちに身についたであろう効果的な読み方が増えていきます。

　必要に応じて、戻って教えたり、確認したりします。できあがったこの掲示物を活用することによって、子どもたちは自分ができている読み方や自分の読みの傾向をつかむことができます。また、実際には複数の読み方を同時に使っていることにも気付けるようにしていきます。

　ミニ・レッスンの詳細については、『「読む力」はこうしてつける』の「パート2」を参照してください。ここでは、「効果的な読み方を使って解釈や理解を深め、広げるミニ・レッスン」の一つとして、考え聞かせを使った例を紹介します。

考え聞かせを使って教えるミニ・レッスン（1年生）

　教師が大きなスクリーンの前に座り、スクリーンに絵本『はらぺこあおむし』のあるページを映しています。あたかも、大きな絵本をみんなで読んでいるような様子です。教師は、一人で本を楽しんでいるかのように、リラックスして子どもたちとの時間を楽しんでいます。

　本に書かれている文章をある程度読むと教師は、すぐに声のトーンを変えて、自らがそこで考えていることを表現しました。それから、「みんなも考えてごらん？」「隣にいる人と1分間話し合ってごらん」など、子どもたちが考え聞かせ（30～31ページ参照）に加われるように促しました。考え聞かせで教師の頭の中で起こっていることを示すと同時に、対話を織り込んで、自らの考えのあとを追えるようにし

たわけです。

　曜日ごとに果物を食べる場面では、「次に何個ナシを食べるか分かるよ。曜日が増えるたびに一つずつ果物が増えていくんだ」と教師が言うと、子どもたちも「そうだそうだ」とつぶやきます。こうすることで、子どもたちは先を予想しながら読むことができるようになるのです。

　様々な種類の食べ物が一度に出てくるシーンでは、「先生だったら、こんなにたくさん食べられるかなあ。きっと、おなかが痛くて痛くて、もう食べるものなんていらないって思うだろうなあ」と言うと、教師がアオムシの気持ちになって考えていることが子どもたちにも伝わったようです。

　最後に、「いったい、1週間でいくつの食べ物を食べたのかなあ。気になるから、戻って数えてみよう」とみんなに伝えました。本はページを進むだけでなく、ページを戻って、もう一度同じ所を読む楽しさもあるということを教えたかったのです。

　低学年の子どもたちのなかには、本の読み方には様々な楽しさがあるにもかかわらず、読書経験が少ないためにそれを体験することのできない子どももいます。考え聞かせによって教師の頭の中をのぞくことで、子どもたちは教師がどのようにして本を楽しんでいるかを感じるのです。そして、楽しいと感じると、自分でもやってみたくなります。

3　本や文章を読んで、考えたことを交流するミニ・レッスン

　学年にもよりますが、読書家の時間のひたすら読む時間のうち、年間を通して30％くらいの時間は友達と読んだことについて話し合うようにしています。それによって、子どもたちは自分の読みを確かめたり、深めたりすることができるのです。もちろん、読んで考えたことをどのように交流するとよいのか、ということについてのミニ・レッスンを行いながら進めていきます。

　本書の「友達同士で読む」（第7章）の「本の紹介」（133～138ページ）、「ペア読書」でのミニ・レッスン（140～141ページ）、「ブッククラブ」の計画例（146～147ページ）も参照してください。

表3−3−1　ミニ・レッスンの目的別分類と内容

目的別分類	内　　容
目的に応じた幅広い読書をするミニ・レッスン	・読んだ本を記録する ・読書ノートの使い方 ・自分にぴったりあう本の見つけ方 ・あわない本のやめ方 ・これから読みたい本のリストをつくる ・読む時間を増やす ・付箋で読む目標をつくる ・読めなかった本を読めるようにする ・目的に応じて複数の本を読む ・目的に応じて読み方を変える ・いろいろなジャンルを読む ◇**フィクション（文学的な文章）を読む** 　・フィクションの種類（物語、詩、絵本、俳句、劇の台本など） 　・登場人物の関係を整理する 　・場面の移り変わり（あらすじ）をイメージする 　・中心となる語や文をとらえて読む 　・心情、場面についての描写、比喩などの優れた叙述を見つける 　・作者の視点やテーマを読み取る 　・主な出来事・事件を書き出す 　・シンボル（象徴）を選び出す ◇**ノンフィクション（説明的な文章）を読む** 　・ノンフィクションの種類（伝記、科学的な読物、説明文、意見文、解説文、新聞、図鑑や事典など） 　・目次や索引で読みたいところを選ぶ 　・事実と感想、意見の違いを確かめる 　・順序だてて書かれたもの 　・比較・対照 　・原因と結果 　・問題と答え

表3－3－2　ミニ・レッスンの目的別分類と内容

目的別分類	内容
効果的な読み方を使って解釈や理解を深め、広げるミニ・レッスン	**関連づけながら読む★** ・自分に関連づけながら読む ・ほかの本に関連づけながら読む ・身の周りの社会や世界と関連づけながら読む ・ノンフィクションを使って関連を探す **質問しながら読む★** ・表紙やイラストから質問を考える ・浅い質問と深い質問 ・ノンフィクションを連鎖図を使って質問づくり **イメージを描きながら読む★** ・詩からイメージを描く ・絵本の絵を見せないで読み聞かせ　⟶　絵を見せて読み聞かせ ・ペア読書やブッククラブでイメージを共有 ・小説の配役を決める　⟶　実際に映画を観て確認する **書かれていないことを推測しながら読む★** ・文字なし絵本の文章を書く ・事実・質問・推測 ・主人公の気持ちや思いを推測する **何が大切か見極めながら読む★** ・絵本や新聞記事などの大切な所を選び、共有しあう ・書き手にとって大切なことは？ ・求めている情報はどこにあるのか？ ・面白い事実と重要な点 **自分の考えを明確にするために解釈しながら読む★** ・大切なメッセージを見つける ・本の内容を紹介する　⟶　紹介文を書く ・要約と解釈の違い ・読み進みながら解釈が変わっていくのを楽しむ ・ノンフィクションの本を使って、その本のテーマについて読む前に知っていることと読んだあとに分かったことを比較する

表3−3−3　ミニ・レッスンの目的別分類と内容

目的別分類	内　　容
効果的な読み方を使って解釈や理解を深め、広げるミニ・レッスン	**自分の読みを修正しながら読む★** ・読んでいるけど理解できない場合の対処法 ・理解しにくい文章の考え聞かせ ・繰り返し読む ・読んで、考えて、反応を書く **批判的に読む★** ・同じ本を読んだ人と反応を共有しあう ・一般的に受け入れられている見方を疑ってみる ・批判的に読む際のポイント ・賛成できない記事もある ・買いたいと思わせる広告 ・ネット情報を批判的に読む
本や文章を読んで、考えたことを交流するミニ・レッスン	・ペアで読み、読んだことを交流する ・内容の中心や場面の様子が分かるように音読する **ブッククラブの進め方や話し方★★** ・「よい話し合い」のイメージを共有する **本の紹介の仕方** ・交換ノート（友だち同士で、教師と、親と） ・劇で演じてみる ・台本を読む形で演じてみる ・絵やイラストを描く ・図化する（あらすじや人物関係の図化） ・関連する本を読んで紹介する ・対象を設定して紹介文を書く ・印象に残った点のリストづくり ・疑問・質問のリストづくり ・キーワードのリストづくり

★『「読む力」はこうしてつける』で教え方が詳しく紹介されている読み方です。ここに挙げたもの以外にも、たくさんの具体的なミニ・レッスンが紹介されています。
★★詳しくは、『読書がさらに楽しくなるブッククラブ』を参照してください。

ミニ・レッスン

　表3-3は、前述のように、筆者らのプロジェクトが実践してきたミニ・レッスンを目的別に整理したものです。子どもたちの読む力を観察しながら年間計画（第9章参照）をつくる時に、何を、どのような順番で教えていくのかを考える際に役立ててください。そして、読書家の時間が軌道に乗って進んでいても、「改めて、全員に教える必要がある」と判断した時にも参考にしてください。

　読書家の時間では、これだけたくさんの内容を短時間で、かつ子どもたちのニーズにあわせた形で扱っていきます。当然、学習指導要領の内容はすべてカバーしていますし、学習指導要領に含まれていないものも子どもたちに身につくようにしています。もちろん、表3-3に示した以外にも、教師と子どもたちが織りなすミニ・レッスンにはたくさんの内容があります。

第4章 カンファランス

1 カンファランスとは

　カンファランスは、読書家の時間を行っていくうえで最も重要なことです。カンファランスのない読書家の時間はありえません。それでは、読書家の時間の中核を担っているカンファランスとはどんな教え方なのでしょうか。

　読書家の時間におけるカンファランスとは、教師が一人ひとりの子どもの話をしっかりと聞き、様子を観察することでその子どもの読みの状況を把握し、対象となる子どもにあった助言や指導を考えて実際に行っていく方法のことです。さらに、その助言や指導の成果を観察し、指導の仕方を調整しながら年間を通して教えていきます。

　『リーディング・ワークショップ』の第6章で説明されているように、「子どもがどの段階にいて、何をしようとしているのかを知ることが大切」（95ページ）であり、それがカンファランスの出発点となります。そして、その子どもにどんなよさがあり、どこに課題があるのかについて観察や対話をしながら探り、双方向のかかわりのなかから今一番必要とされることを教師が選択して教えていきます。これは、日本の教室でよく行われている一斉型のかかわり方とは大きく異なります。

　教師がカンファランスをする時間は、子どもたちからすれば「ひたすら読む」時間であり、時にはペア読書やブッククラブの時間です。クラスの人数や学年、そし

てカンファランスの内容にもよりますが、カンファランスにおいて教師と子どもが話すのは2～3週間に1回（一人につき3～5分程度）のペースで行うことが多いです。とはいえ、子どもの状況を見ながら、より短い間隔で集中的にカンファランスをするほうが効果的な場合もあります。

以下では、カンファランスの仕方がよく分かる具体的な事例をいくつか挙げて説明していきます。

2 絵ばかり見て、文字を読んでいないあゆみさん（1年生）へのカンファランス

子どもたちが本を読んでいる様子を観察していると、次から次へとページをめくっては閉じてしまい、すぐに新しい本を手にするといった子どもがいませんか。今まさに、そのような子どもがいます。あゆみさんです。あゆみさんは、「ああ、おもしろかった」と教師に聞こえるようにつぶやいています。

観察していて分かったことは、あゆみさんは題名しか読まず、本の中の文字を追って読んではいないということでした。あゆみさんが読んだと思っていること、そして「おもしろい」と言っていることも、正確に言えば文字を読んだからではありません。

低学年にはよくあることですが、絵だけを見ながらなんとなく理解し、それを「読んだ」と受け止めている子どもがたくさんいます。こういう場合に、「そういうのは読めたとは言いませんよ！」「もっとちゃんと読みなさい！」と言っても逆効果になるだけです。絵だけではなく文字を読んでいくことで読む世界はもっと広がることを、あゆみさんのような子どもに教える必要があります。そこでこの教師は、注意深く声をかけることにしました。

| 教　師 | 今、「おもしろかった」って言っていたけど、どんなところがおもしろかったの？ |
| あゆみ | あのね、ここ。 |

　　　（『まめうしとまめばあ』のページをめくって、指で示している）

| 教　師 | あっ、ずいぶん牛さんが大きく描いてあるもんね。
（絵から情報を得ていることを知っていた教師は、絵について答えを返した）
なんで、こんなに大きく描いてあるんだろうね？ |
| あゆみ | たぶん、おこられちゃったから。
（「たぶん」と言ったことから、文字から情報を得ていないことが確認できる） |
| 教　師 | あら。怒られちゃったんだ。 |
| あゆみ | ほら、ここ。
（前のページをめくっている） |
教　師	本当だね、顔の表情が違うね。なんで怒られちゃったのかな？
あゆみ	悪いことしちゃったんじゃない？
教　師	悪いこと？
あゆみ	うん。悪いことすると怒られちゃうもんね。
（これまでの経験がゆえに、絵から想像できることを中心に話している）
教　師	そうだね。でも、なんで怒られちゃったのか気になるから、先生は怒られた秘密を知りたいな。どうしたらいいだろう？
あゆみ	読んでいいよ。
教　師	何をしたらいいのかな？
あゆみ	この本、読めばいいよ。
教　師	字も読むと詳しく分かりそうだね。字は見たの？
あゆみ	あんまり。
教　師	そうか、あゆみさんも字を読むともっとお話が分かって楽しいよ。ちょっと一緒に読んでみようよ。ほら、絵の下に字が書いてあるでしょ。先生が読み聞かせする時も、これを読んでいるんだよ。字を読むとお話がもっと楽しくなるんだよ。（と言いながら、指を字の下に置く）こうやって字の下に指を置くと、どこを読んでいるかがすぐに分かっていいんだよ。あゆみさんが字の下に指を置いてね。先生がその字を読むから。

あゆみさんが指を置いた字を一つ一つ小さな声で読み始めました。まずは、子どもにとって負担のない作業をしてもらい、教師が読み進め方のモデルを見せたわけです。しばらくすると、あゆみさんも一緒に声をあわせて字をたどり始めました。

教師・あゆみ　ま・め・ば・あ・は・い・つ・も・こ・ん・な・か・お。
教　師　あゆみさんすごいね。先生と一緒に字が読めているね。じゃぁ、今度は交代。先生が指の役をするから、あゆみさんは読んで。
あゆみ　うん、分かった！　先生ちゃんと指を置いてね。
教　師　指を動かす速さはどれくらいがいい？
あゆみ　ゆっくり。
教　師　分かった。じゃあ、あゆみさんが読んだら動かすよ。読む速さを変えたい時は言ってね。
あゆみ　ま・め・ば・あ・は・い・つ・も・こ・ん・な・か・お。
　　　　（時折、言い直したりしながら一つ一つの字を読み進めていく）
教　師　秘密、分かった？
あゆみ　分かった‼　まめばあは、いつも怒った顔をしているんだ！
教　師　先生も分かった。あゆみさんのおかげでおもしろい本が読めてよかったわ。字を読むのって楽しいね。また、おもしろい絵本教えてね。
あゆみ　うん！

　次に読む本を探してくると、彼女は早速、字の下に指を置いたようです。「いいね」と励ましの声をかけて、この教師のカンファランスは終了しています。

3　カンファランスと一斉授業の違い

　あゆみさんのように、どの教室にも読むことに課題をもつ子どもがいます。その課題は子どもによって様々です。教師は、まずは教室全体を見わたすように眺めます。子どもたちには「ひたすら読む」時間なので、本に集中できていない子どもや、

集中して本と向きあえていない子どもの姿が教師の目に飛び込んできます。
　このように教室全体をじっくりと観察することが、普段の授業で大切にされているでしょうか。よく行われている一斉授業とカンファランスを比べると、その違いがはっきりと見えてきます。
　一斉指導の授業の場合、教師の意識は、次にどんな指示を全員に出したら子どもの読みの力が高まるか、子どもに何をさせたら学習が進んでいくか、といったことに向けられています。そして、結果的に授業中は、教師が一生懸命に活動するだけになってしまいます。
　この時、教師の相手に対する意識はどこにあるのでしょうか。筆者らの経験をふまえて言えば、子どもたち全員か、それとも手を挙げている子ども、または一部の子どもだけです。一部の子どもの場合は、読みが苦手な子どもや、学力的に中間ぐらいの子どもをイメージしていました。クラス全体を指導する時、教師は「〇〇さんのため」と具体的な子どもの顔を思い浮かべてはいないのです。
　ある教師が、次のように言っていました。
「私は授業を進めることばかりに集中し、子どもが読むことについて今何を考えているのかといったことに無関心になっていました。まるで実在しない子どもに語りかけるがごとく授業を進めてしまったり、自分ではまったく気付かずに、一部の子どもだけが参加できる学習を行っていたのです」

　カンファランスをベースにした指導を始めると、子どもたち一人ひとりの姿が目に飛び込んできます。それは、教師が子どもの様子を見ることに集中できるからです。一人ひとりの子どもが、どのような本を読んで、どれほど本を楽しんでいるかをじっくりと観察できるようになりますし、子どもたちと目をあわせて対話をする時間を確保することができます。それにより、成長後の子どもたちの姿や、次に行うべき具体的な助言や指導がもっと鮮明に見えてくるようになるのです。
　評価の面からも、カンファランスと一斉指導の授業を比較してみましょう。例えば、一斉指導の授業で、子どもたち全員が『スイミー――ちいさなかしこいさかなのはなし』を読み、登場人物がどんな行動をしたのかをまとめるとします。全員が同じ教材を同じ読み方で読むと、子どもたち同士を比較することができるので、確

かに、ある基準における読みの優劣が分かりやすいかもしれません。しかし、このやり方では、あらかじめ定められた評価に基づいて比較するだけであり、一面的な把握しかできません。

　具体的に言えば、読みに課題をもつ子どもが何に興味をもっていて、どんな本なら楽しく読めそうか、どんな読み方にチャレンジしようとしているのか、誰とペアになれば互いの読む力を高めあっていけるのかも分からず、子ども自身がもっている読みの力についてのポジティブな情報を得ることが難しくなります。これでは、子どもたち自身が自ら挑戦しようとしている読みの学習を教師が見取り、力強く支援することはできません。

　評価は、子どもたちの成績をつけるためにあるのではなく、子どもの成長をサポートするためにあるのです。第8章「評価」で詳しく述べますが、一人ひとりにあった指導の方法や、その子にあった学習の方法を見つけるために評価はあるのです。文部科学省が提唱する「指導と評価の一体化」とは、まさにこういうことなのです。

　一斉指導の授業を否定しているわけではありません。読書家の時間でも、ミニ・レッスンにおいて一斉指導で効果的に教えています。それは、子どもたち全員に必要だと思えることを指導する時に使い、できるだけ簡潔に短時間で行います。

　ここで大切なことは、ミニ・レッスンで一斉指導をしたとしても、子どもによって受け取り方が多様であるということです。つまり、一斉指導をしたからといって、全員ができるようになるわけではないということです。子どもたちの本の読み方が多様であるのと同じように、子どもたちは教師のメッセージを様々な形で受け取り、それぞれに解釈をしています。それらを確認したり補強することも、カンファランスの大切な役割となります。

4　個別カンファランスだからこそ伸びていった木下くんと沢木さん（5年生）

　ある教師は読書家の時間に、教科書にも掲載されている「大造じいさんとガン」を使って、登場人物の関係性の変化について学ぶことにしました。その理由は、動物と人間が心を通わせるストーリーは、関係性の変化を追う学習にちょうどよいと

考えたからです。それに、著者である椋鳩十（むくはとじゅう）（1905〜1987）の作品は、子どもたちの心を引き付ける不思議な魅力にあふれたものが多いということもあります。

　もちろん、全員で音読をしたり、ある場面の登場人物の気持ちについて全員で話し合ったりという一斉的な学習はしていません。ミニ・レッスンで登場人物の関係性という視点を与え、「ひたすら読む」で「大造じいさんとガン」をはじめとする椋鳩十の作品をそれぞれが自由に読み進めるようにしました。子どもたちは、「ライバル」や「敵対」のような言葉で登場人物の関係を示していき、そして読んだ作品の紹介カードを作って登場人物の関係性を表して、友達同士で読みを共有していくといったサイクルで学習を行っていきます。

　教師の周りには、早速、カンファランスを求める子どもが数人いました。紹介カードの記述から関係性についてその子どもがどの程度考えているのかを判断し、いくつかの質問をすると、子どもは答えるために様々な言葉を語り始めます。その言葉に耳を澄ませていると、子どもがキラリと光る言葉を使っていました。

　書き言葉に慣れていない子どもの場合、話し言葉で表現すると素晴らしい言葉を使うことがあります。「その言葉いいね！　それを使おう！」と言って言葉の価値を伝えた教師は、その言葉をノートに書き留めておこうと声をかけました。

　もう10月なので、子どもたちとの付き合いも長くなっています。どの子どもがどれだけ読めるのかということもある程度理解していますから、全員に同じ内容を指導することはありません。子どもの読みの状況に応じて、これはできるかな、これは難しすぎるかな、と指導方法を考えながら、一人ひとりにカンファランスを行っています。

　集まった子どもたちへのカンファランスがひと通り終わり、教師は教室の中を少し歩き始めました。すでに「大造じいさんとガン」を読み終えて、椋鳩十の別の作品でペア読書をしている子どもたちがいます。その隣では、椋鳩十のおすすめ本リストを見ながら本を選んでいる子どももいます。

　小さな声で、教師が「いいね」と声をかけました。椋鳩十に加えて紹介した『シートン動物記（1）』の「狼王ロボ」を集中して読んでいる子どももいました。みんなが、それぞれのペースで学習を行っているのです。そして全員が、集中して読

み、関係性に着目することを意識して、学習に取り組んでいます。

　そんななか、ぼんやりと前を見つめている子どもがいました。木下くんです。「大造じいさんとガン」の最初のページが開かれたままです。そんな木下くんにすぐには声をかけないで、教師は一歩下がって様子を見ています。物語に集中できていない木下くんに、これからどのように指導をしたらよいのかと考えているのです。

　木下くんは、書くことも読むことも苦手です。だからといって、分からないから騒ぎ立てることもありません。言ってみれば、一人ひとりを意識的に見ようとしなければ確実に見落としてしまうようなタイプの子どもです。しかし、カンファランスを大切にする読書家の時間の教え方であれば、このような子どもが逆に際立って見えてきます。教師の目が、集団ではなく個人に向けられているからです。
「どこまで読んだ？」と、静かな声で教師が木下くんに聞いています。それに対して木下くんの答えは、「まだ、読み途中」と素っ気ないものでした。

　授業が始まってから20分以上も経っていますが、木下くんはやはり最初のページを開いたままです。木下くんの読みの課題はどこにあるのでしょうか、またこの物語の難易度はあっているのでしょうか。
「ちょっと、声に出して読んでみて」と、教師が音読を求めています。スラスラとはいきませんが、ちゃんと読めています。
「読んだところまでで、好きなところはあった？」
「いや、あまりない」

　これだけでは、木下くんの読みの状況を把握することはできません。もしかしたら、読んだ内容をほとんど理解していないのかもしれません。または、長い時間集中し続けることに課題があるのかもしれません。もっと短い時間で読める作品をすすめるか、木下くんが興味のもてる作品をすすめたほうがよいのかもしれません。教師も悩んでいるのです。

　この段階で具体的な指導が見つからなかった教師は、木下くんへのカンファランスを「読み終わったら教えてね」と言って終わりにしました。一人に10分間もカンファランスを続けていると、ほかの子どもの様子を見られないばかりか、木下くん自身が教師とのやり取りに辟易してしまって、今後のカンファランスがうまくいかないからです。

使い終わったノートやプリントなどを保存する「お宝ファイル」

　木下くんのように、読むことが苦手で支援を必要とする子どもがいる一方、読むことにまったく苦手意識がなく、どんどん読み進められる子どもがいます。この日の授業で、最初にカンファランスを求めてきたのは沢木さんでした。それほど目立つ子ではありませんが、着実にコツコツと取り組んでいくという堅実な女の子です。

　最近は、友達が紹介した『虹色ほたる』という本を夢中になって読んでいると言います。読書ノートも前期で1冊分が終わり、嬉しそうに読書ノートに穴を開けて、「お宝ファイル」（ポートフォリオ）に綴じ込みました。後期に向けて、やる気に満ちた一歩を踏み出したところです。

　沢木さんの「大造じいさんとガン」の紹介カードを見ると、大造じいさんと残雪については性格や自分のイメージしたことなどが書かれていますが、両者の関係についての記述はありませんでした。そこで教師が、「二人はどういう関係なの？」と尋ねたところ、沢木さんから「ライバル」「尊敬」「まだ勝敗は決していない」など、関係性を表す言葉が次々と出てきました。

　教師がその言葉を紹介カードの余白に書き、「今出た言葉を使って、もう一度書いてみてごらん。空いている部分を使ってもいいし、もう一枚カードを使ってもいいから」と言ったところ、沢木さんはすぐに、登場人物の紹介だけでなくその関係性までを魅力的な文章で書いていきました。沢木さんの読む力がまだまだ伸びると確信できた瞬間です。

木下くんと沢木さんには、まったく違う指導が必要なことが分かります。いくら教師が効果的な指導法をもっていたとしても、それがすべての子どもの読みの改善に効果があるとは言えません。効果的な指導法も、その子どもにあわせて調整をしないと意味がないのです。つまり教師は、どのような指導法ならば子どもの読みの実態とうまく噛みあい、子どもが楽しく読む力を伸ばしていけるのかを考えなければならないということです。カンファランスは、教師と子どもが今後の学習について協力しあいながら考える作戦会議である、と定義することができます。

　次の授業が始まりました。木下くんの読みの状況をもっと詳しく把握するために、教師はある短編を紹介しました。選ばれた作品は、『ミイラになったブタ』の中に収められている「双子の島」という話です。
　木下くんは、総合的な学習の時間で育てているお米について学んだ時、真っ先に田んぼの生き物について調べようとした子どもです。生き物について興味をもっていることを知っていた教師は、この本であれば反応しやすいのではないかと考えました。確かに、短い話がたくさん収められているこの本であれば、読書にあまり長い時間集中できない木下くんにはちょうどよい長さかもしれません。
　木下くんが読むことを苦手としていることは分かっています。しかし、彼の読みの課題は単純に集中力だけなのでしょうか。そして、どれくらいの長さなら継続して集中できるのでしょうか。短い話ならば、木下くんは内容を理解することができるのでしょうか。
　ほかの子どもたちは、椋鳩十の本や動物をテーマにした本を読んだり、気に入った作品の紹介カードを書いたりすることを続けているので、この教師は木下くんの読みの把握に時間を割くことができました。
　木下くんが本を読み始める前に、「双子の島」の半分ぐらいのあらすじと、ラッコが話の中心になること、そして二つの島を比べて読んでいくことを伝えています。また、物語の舞台になるアリューシャン列島の地図やジャイアントケルプの画像を見せて物語をイメージしやすくし、話の最後に出てくるキーワードである「要石」という言葉を使ったたとえについて、石橋の画像を使って説明を加えました。
　時間は５分ぐらいしかかかっていません。事前に木下くんがぶつかるであろう言

葉の説明をしておくことで、読書にどれだけ集中できているかの確認がしやすくなります。

　木下くんは説明を聞いたあと「読んでみる」と言い、自分のためにすすめられた本を大切に机に持っていきました。自分の机に座って読んだほうが集中できると考えたようです。教師は、木下くんの席がよく観察できる位置に立ち、教室全体を見わたすと同時に木下くんの読み方をじっくりと観察しました。

　この時、木下くんへのカンファランスを見ていた二人の子どもも『ミイラになったブタ』を読んでみたいと言ったので、教師はその子どもたちにも同じ本を手わたしました。★1

　その子どもたちも「双子の島」を読み始めました。木下くんと比べると、やはり読むスピードが違います。二人の子どもは10分ほどで読み終えて、次の話に移っていますが、木下くんはまだ半分ぐらいしか進んでいません。しかし木下くんの様子を見ていると、1行1行指でなぞりながらゆっくりと確実に読み進めていることがよく分かります。「大造じいさんとガン」の時にはそのような姿が見られなかっただけに、本の内容に入り込んでいることが伝わってきます。

　結局、木下くんが読み終わるのには20分ほどの時間がかかりましたが、確実に全部読み終えています。そのあとに行ったカンファランスで、教師は驚きました。実は、木下くんは内容をあまり読み取ることができないだろうと教師は予想していたのですが、そんなことはなく、本の内容を大体理解していたのです。あらすじを確認してみると、ラッコがいる島といない島では動植物の生態が劇的に異なることもよく分かっていました。そして、「要石」が「ラッコ」を示していることもしっかりととらえていました。「大造じいさんとガン」が読めていなかったことで内容をとらえることができないと判断していたこの教師は、言うまでもなく、木下くんの読む力の見取りを修正しました。

　木下くんは、読むのに時間がかかるだけで、短い話ならば読む力をもっていたのです。そして、会話であれば、自らが理解している内容を説明することもできるのです。集中することのできる時間が短く、字を書くことに課題があるので、次回か

⑴　このクラスの図書コーナーには、一部の本については複数置かれています。ここでの例のように、興味をもった子どもたちが同じ本を読み、その友達とつながりをもつことができます。

らのカンファランスでは読んだことを語ってもらい、それを教師がノートに書き留めてわたすことにしました。

　この時のカンファランスで教師は、木下くんから内容を聞いたあとに、「無理をして長い話を読むのではなく、『完訳ファーブル昆虫記』のような本を選んで、短い作品をたくさん読むとよい」と助言しました。また、「このような短編集を読む時には、楽しそうなものを目次で探して読むとよい」ということ、さらに、観察で見られたように「指でなぞりながら読むとよい」ことも伝えています。「双子の島」を読み終わったあとのカンファランスの時間は10分ほどでした。

　木下くんが「双子の島」を読んでいる間に、沢木さんにも前回のカンファランスの続きを行っています。沢木さんに、椋鳩十のおすすめ本リストを見せて、「椋鳩十の作品をもっともっと読んで、椋鳩十がどんな人なのか考えてごらん。面白いよ」と伝えています。

　彼女の読む力ならば、書かれている作品の特徴のみならず、同じ作者が書くシリーズの特徴や作者の人柄までイメージを膨らませて読めるかもしれない、と思ったわけです。また、「彼女の読む力を、登場人物の関係性だけを読み取らせることに限定させていてはもったいない。もっと、高い次元の読みに挑戦させたい」とも考えました。

　沢木さんは、自ら椋鳩十の作品リストから『片耳の大鹿』を選び、それを読んで紹介カードを書いています。リストを手わたしたカンファランスから、まだ30分ほどしか経っていません。しかも、今回の紹介カードを見てみると、登場人物の関係性がしっかりと表されたカードに仕上がっています。沢木さんは、ほかの作品をすでに探し始めていました。

　椋鳩十の作品に流れる作者の人柄やメッセージについて、沢木さんなりの考えが見つかったので、今度は彼女が好きな作者で同じことをやらせてみようと、教師は考えました。作者の生きてきた歴史にまで考えが及ぶと、さらに新しい読書の世界が広がるかもしれません。沢木さんへのカンファランスから、新しい読書の世界をどんどん広げ、同じ作者のシリーズに流れる作者の思いについても追究できるだろうと判断したのです。

数日後、木下くんの様子を再び見てみると、『ミイラになったブタ』を継続して読んでいました。木下くんとのカンファランスの最中、同じ本を読みたいという友達が近づいてきたのですが、木下くんはこの本の最初の章がどんな話であるかをその友達に話しています。自分から、本のあらすじを友達に伝えているのです。

　集中できなかった数日前の姿は、もうそこにはありません。数日前まで、こんなことはできないと考えていただけに、その姿や、よい本に出合えたことで成長しようと努力している木下くんの姿を見て、教師もとても嬉しそうです。ゆっくりではありますが、着実に成長していることを実感しています。

　木下くんにインタビューをしながら教師は、紹介カードに「双子の島」の彼の意見を書き加えています。木下くんは充実した表情をしています。教師が登場する生き物を整理することで、ラッコや双子の島に生息する生き物が密接にかかわりあっていることについてもまとめられています。今、図書紹介の掲示板には木下くんの紹介カードが輝いています。

5　子どもの実態と指導を重ねあわせる

　当然、教室には、木下くんのような子どももいれば、沢木さんのような子どももいます。もし、カンファランスで子どもたちの読みの実態をつかむことなく、一斉指導でこの二人の子どもに最初から最後まで同じように学習することを強いたとしたら、一体どうなっていたでしょうか。たぶん、木下くんは宙を見上げたままずっと困り続け、放っておかれてしまっていたでしょう。

　木下くんには「大造じいさんとガン」は長すぎましたし、関心を示すことができない読み物でした。それを無理に読ませ続けてしまったら、言うまでもなく、読む力を育てる時間にはなりません。もっと短い時間で読める作品に切り替え、読むことをもっと楽しめるような本を紹介することで、彼の読む力を引き出すことができたわけです。

　様々な子どもがいるということを教師が理解していれば、一斉指導で一つの作品を何が何でも読ませる必要はないということや、それ以外の作品でも登場人物の関

係性について学ぶことができるということが分かるはずです。「大造じいさんとガン」の内容に習熟することが、国語の授業の目的ではないのです。

一方、沢木さんのほうは、一斉指導をやっていれば自分のペースやレベルで学習することができず、学習に充実感を感じることはなかったでしょう。「大造じいさんとガン」だけにこだわらず、そして教師の掌にだけ収まるように彼女の読みを制限しなかったことで、ほかの椋鳩十作品や動物文学作品、そして他の読み物へと大きく読みを広げていくことができました。

カンファランスによって子どもの読みの評価をし、教師の指導方法を模索していくということは、子どもの実態と教師の指導を絡みあわせていく作業とも言えます（「評価」の捉え方については、第8章でさらに詳しく説明しています）。子どもの読みの実態を評価することなく行われる指導に、何の意味があるでしょうか。そのような指導は、相手のニーズや課題を考慮せずにマニュアル通りに教えているにすぎず、子どもがうまく学べるはずがありません。

6　対話を重ねるカンファランス

カンファランスを受けた子どもたちが、教師の指導によってどのように変化したのかを継続して見ていく必要があります。すぐに効果が出る場合もありますが、教師の教えたことがしばらくしてから現れてくることもあります。また、カンファランスを繰り返すことで教えたことのフォローやフィードバックも可能となり、少しずつ読めるようになる子どももいます。すぐに目に見える結果につながらなかったからといって、カンファランスを諦めることはありません。日常的に対話を重ねていくと、子どもが変わってきたことに気付く時が必ず来ます。

カンファランスを継続的かつ効果的に行っていくためには、記録を取ることが有効となります。いつ、誰に、どのようなカンファランスをしたのか、自分のノートに簡単なメモをとっていきます。ノートの1ページ毎に子どもたちの名前を書き、そこに、その日に見取った子どもの状況や、カンファランスの様子などを記録するようにすればよいでしょう（158～161ページ参照）。また、『リーディング・ワーク

第4章 カンファランス 97

ショップ』（104ページ）には、学んだことや学ぼうと決めたことを、教師のカンファランス・ノートや子どもの読書ノートを使ってどちらかが必ず記録しておくという方法が紹介されていますので参考にしてください。

　もう一つ、ホワイトボードを使ってカンファランスをすると、その時のことがボードに残されていくので、写真を撮っておけば記録としても有効なものになります。さらに、音声や映像を記録しておいて、合間の時間に子どもとのやり取りを聞き直すと、以後の学習の改善点が見つかったり、その子どもへの指導や助言のアイディアが思いついたりもします。

　例えば、「先生がこの前に言った読む時間を作る話、あれからどうなった？」とか「〇〇さん、この前のペア読書の続きはどう？」のように記録を活かしてカンファランスを始めると、子どもたちは教師から大切にされている存在であるということを感じますし、教師にとっても、カンファランスが場当たり的なものではなく、子どもの成長を継続的にサポートするものとなります。

子どもとのカンファランス

7 選書に課題のある子どもたち（4年生）への グループ・カンファランス

　カンファランスは、複数の子どもを対象として行われる場合もあります。例えば、読みの時間が始まってもなかなか選書ができない子どもたちを集めて、教師がどのように本を選んでいるのかを説明したり、おすすめの本を紹介して選ぶきっかけをつくったりすることもあります。

　それ以外にも、読み終えてはいるが書くことがなかなか進まない子どもたちを呼んで、あらすじや心が動いた部分を書き写すだけでも、これからの読書生活が豊かになることを伝える場合もあります。

　似たような課題をもつ子どもを集めてグループ・カンファンランスをすると、効果的に時間が使えるだけでなく、一緒にカンファランスを行った友達同士で新しいコミュニケーションが生まれたり、集まった友達の学習をモデルにして新しい学習方法をつくり出せるというメリットもあります。

　読書家の時間が始まって間もない頃は、何を読んだらよいのかが分からずに、本棚の周りで、いたずらに時間を過ごしてしまう子どもたちを見かけることがあります。

　5月、ある4年生の教室では、本棚の前で立ち尽くしていたり、余計なおしゃべりをしたりしている子どもたちがいました。おしゃべりが始まってしまうと、ひたすら読むための落ち着いた雰囲気が失われてしまいます。

　読書家の時間では、一人ひとりの自由な選択を尊重すると同時に、限られた空間で多くの子どもたちが学習している教室の環境を崩してはいけません。自由であること以上に、規範意識をもつことがとても大切です。本が選べないからといって、おしゃべりをしてほかの友達が集中している環境を乱す子どもたちを、そのままにしておいてはいけません。

　観察して分かったのは、この子どもたちは、どのような難易度の本ならば読むことができ、またどのような内容ならば興味をもって読むことができるのかが自分でも分からなくておしゃべりをしている、ということでした。そこで必要となるのが、子どもたちが共通してもっている選書の課題に対してのグループ・カンファランス

を行うことです。
　ここで取り上げる教師は、図書コーナーの近くに置いてある折り畳み式のテーブルの周りに子どもたちを集め、次のように話し始めました。
「私は、みんなが自分の力で学び続けられるように読書家の時間をしています。誰かに教えてもらう時期はいずれ終わってしまうけれど、本を読んで学び、何かができるようになることはいつでもできるし、卒業してからもずっと役立つでしょう。だから、読書家の時間で読む力をつけることをもっと大切にして欲しいと考えています。友達と本の話をすることは読む力を成長させるけれど、学習とは関係ないおしゃべりであれば、みんながもっている『成長したい』という気持ちを損ねてしまうことになりますよ。みんなは、この1年で本当の読書家になりたいと思って本を選んでいたのでしょうが、ただ、それがあまりうまくいかなかっただけ。そういう時は、余計なおしゃべりをするのではなくて、自分から先生に相談しようね」

　このように、すべての子どもたちにとって、学習することは楽しいことで価値があることなのだ、そして学習を楽しくする一番の秘訣は、学習を自分で選択してつくっていくことであると伝えることが重要です。このことをふまえて、子どもたちが日頃どのようにして本を選んでいるのかについて話を聞きました。

教　師　どんな本を探していたの？
子ども　おもしろい本。
教　師　それはどんな本なの？
子ども　よく分からない。

　やはり、自分の読みたい本が選べていないようです。朝の読書の時間の様子や先ほどの様子から考えると、子どもたちは文章の少ない本を選んだり、文字が大きい本を選んだりしています。おそらく、本を読む時間なのだから本を読まなくてはならない、本を机の上に出して読んでいる格好をしなければならない、そのような意識が働いていたのかもしれません。
　しかし、このようなことは、自らに正直でない学習を教師が子どもたちに強制し

ていることを示しています。その子どもたちにとっては、自らの学びを楽しむことよりも学習のルールに従うことが目的となってしまっているのです。本のコーナーの前でおしゃべりを続けていたり、読みたいと思っていない本を机の上に広げていたりしていては、どの学習も意味がないものになってしまいます。やはり、選書について学び、本を読むことが楽しいということを教えなければなりません。

教師	じゃあ、この図書コーナーにどんな本が置いてあったら読んでみたいと思う？
子ども	おれ、野球の本が読みたいな。野球好きだから。
子ども	おれも野球の本が読みたい。
教師	野球のどんな本が読みたいの？
子ども	選手の活躍するような本だな。
教師	じゃあ、先生が野球の本が読みたいと思った時に、まずどうすると思う？ちょっとやってみせようか。

　ほかの子どもたちが「ひたすら読む」ことに没頭しているのを確認してから、教師は彼らを図書室に連れていき、一緒に野球選手についてのルポルタージュや野球にかかわる本の探し方について教えました。子どもたちは、図書室に本がたくさんあると分かっていても、特別な機会がない限りなかなか足を運ばないものです。子どもたちがよい本と出合いたいと思っている時に、子どもたちにとって身近な場所である図書室に連れていくことは、「本を読みなさい」という指導よりもはるかに効果があります。
　しかし、図書室では本当に自分の読みたい本と出合えない子どももいました。そこで教師は教室に戻り、インターネットを開いて地域の公立図書館の検索ページを見せました。そして、検索欄に「野球」と入れ、さらに児童書のみが検索できる項目にチェックを入れました。すると、図書館が蔵書している野球に関する児童書の一覧が画面に出てきました。ここまで来ると、教師が何をやっているのかと興味をもってグループ・カンファランスに加わってくる子どもも出てきます。
　読みたい本を予約した教師は、図書館のほうで準備が整ったら、メールや電話で

知らせてくれることも教えています。このように、教師が自らの読書生活で実際に行っていることをその場で見せるという手法はとても効果があります

　この時のグループ・カンファランスには、いつもより若干長く20分ほどの時間をかけていましたが、教師の選書の仕方を見せるだけであれば10分ほどで終えることができます。本をうまく選ぶことができなかった子どもたちは、野球の本に興味があるということが分かりました。この日の放課後、教師は地域の図書館に電話をし、スポーツ選手についてのルポルタージュ（特に、野球の本を多めに）を集めてほしいと依頼し、団体貸出の申請をしました。

　1週間後、様々なスポーツ選手のルポルタージュが届いた時の、子どもたちの喜んだ顔といったらたとえようがありません。おそらく、これまでの本を読む機会のなかで、最も嬉しかった瞬間だったのではないでしょうか。何と言っても、自分たちが読みたいと思っていた本が、手に余るほどたくさん届けられたわけですから。

　子どもたちは、本を選ぶという学習を、楽しくて仕方がない学習としてとらえてくれたのではないかと思います。もちろん、このあとも、大好きな野球選手の本を、水を得た魚のように読む時間が続きました。

　子どもたちの意見によると、グループ・カンファランスは、教師と子どもの1対1のカンファランスよりも話しやすい雰囲気になるということです。なかには、教師と二人で本についての話をすることに抵抗感をもっている子どももいます。そのような子どもの場合や、ほかの子どもと一緒にカンファランスをすることでお互いの学習から学び合える関係をつくりたい時には、グループ・カンファランスが適していると言えます。

　今回の選書がうまくできなかった子どもたちも、野球の本を選ぶ時には、やはりお互いに相談しながら読みたい本を選んでいました。そのようなことがきっかけで、本について友達とやり取りをする時間が生み出せます。グループ・カンファランスには、子どもたち同士の関係を築いていくという効果もあるのです。

8 カンファランスで子どもと対話をする

　いくつかの場面での、具体的なカンファランスの事例を紹介してきました。これらは、特別な話術や知識を使って行っているものではありません。ここからは、こうしたカンファランスを行うためのヒントを紹介していきます。

　『リーディング・ワークショップ』（95～103ページ）でも強調されていますが、カンファランスは子どもの状態を観察することから始まります。子どもたちの読んでいる様子や、読んだことについて話している様子などをまずはしっかり見て、把握するのです。焦ってこちらの都合を押し付けた指導をしないように、子どもがどんな読み方で読んでいるのか、どんなことに困っているのかを見取ります。

　さらに対話を重ね、子どもたちの読みの状況を把握します。実際に話して対話することもありますし、子どもの読書ノートを介して対話をすることもあります。読むことについての対話を行うことで教師と子どもがつながり、一人ひとりの子どもが読み手として成長するための、次のステップが教師に分かるようになります。また子どもたちは、安心して教師に話すということができるようになります。

　「初めてカンファランスを行った時、これは図工の授業をしている時に行っていることと同じでした」と言う教師がいます。子どもが絵筆を使って作品に色付けをしている時、少し離れた所で、子どもがどのように絵筆を動かしているのか、またどのようにパレットで色を決めているのかを観察します。絵筆の動かし方が一定でないことに気付いたら、表現したいことを子どもに聞いて、筆の動かし方を助言する行為と似ているというわけです。

　しかし、読むことは、絵を描くこととは違って子どもの学習の状況をはっきりととらえることは難しいです。頭の中で起こっていることですから見えません。子どもが本と向きあっているところを観察しても、はっきりと分かるのは集中しているかどうかということぐらいです。さらに、その子どもが教師の知らない本を読んでいる時には、あらすじを聞いても、その内容が妥当なものかどうかが分かりません。

　これでは、何を教えればよいのかが分かりません。そのことが原因で、読書家の時間やカンファランスをやめてしまう教師もいるようです。それでは、どうすれば

よいでしょうか。まず、カンファランスで子どもの読みの状況がよく分からなかった場合について考えてみましょう。

　一度のカンファランスで何かを必ず子どもに教えなければならない、と考えるのではなく、まずは読むことを通して子どもを理解し、よさを認めるために対話をします。じっくり観察したあとに、少し声をかけたりする程度のカンファランスを多用してもよいでしょう。そして、子どもの読みを受容し励ましたいと考えた時は、何がよくできていて、何を継続して取り組むべきなのかを具体的に説明します。「先生もそれを真似してみよう」とか「あの子にもそれをすすめてみよう」と言って、その子どもの読み方がほかの人にも有益であることを伝えます。よいところを認めるということは、カンファランスを行う際にとても大切です。よいところを活かして、さらに読みを進めようとする子どもたちを勇気づけることになるからです。

　対話を通じて見えた子どもの一面を教師が受け入れれば、子どもとの信頼関係をつくることにもなります。また、本を通じて教師や友達とつながるという経験が子どもたちの力を伸ばすチャンスにもなります。教師が自分の好きな本を理解している、友達が自分と同じ本を好きだと言っている、という事実が次の本を「読みたい」という願望になり、子どもたちは自ら読む力を伸ばしていくのです。

　もちろん、カンファランスで理解したことから、その子どもにとって有効な助言や指導を思いついた時は、教師は自信をもって行わなければなりません。その瞬間を教師は逃してはいけません。カンファランスを通じて、課題が明らかとなった瞬間や、もっと読めるようになりたい、もっと違う本を読んでみたいと子どもたちが思った瞬間に、教師は適切な助言や指導をする必要があります。

9　教師が読んでいない本でもカンファランスはできる

　国語における「読むこと」の目的とは何でしょうか。言うまでもなく、国語の教科書をすべて終わらせることではありません。また、よく教科書に出てくる「ごんぎつね」や「大造じいさんとガン」を教師が望むような解釈で読めるようになることでもありません。

国語の本来の目的は、子ども自身が読む力をつけることです。そして、特定の読み物に限らず様々なジャンルの本や文章を読み、これからの人生を開拓していける力を身につけることです。共感できるような主人公から励ましの言葉をもらい、最先端の研究者と本を通じて対話をする。そのような読書が楽しい、もっと味わいたいと言って、目を輝かせる子どもを育てるということです。

　とはいえ、読書家の時間に出合う前の教師のなかには、教科書にあるからという理由だけで「ごんぎつね」や「大造じいさんとガン」を子どもたちに読ませ、それらを「正しく理解する」ことが国語の目的であるかのように日々の学習を進めていた人もいます。「正しい理解」に子どもたち全員を向かわせるために、「正しい理解」ができているかどうかをチェックするための質問を続けざまに投げかけ、予定していた指導計画通りに一年が終わるように、日々の国語の授業を漫然と続けていたと言います。しかし、「正しい理解」や「正しい解釈」とは一体何なのでしょうか。「大造じいさんとガン」の作者である椋鳩十は、『母と子の20分間読書』(152～156ページ) という本のなかで、もしも作者の意図について尋ねられたとしても、決して答えることはしないというような趣旨のことを述べています。

　しかし、教師の多くが、作者の意図には必ず「正しい答え」があるかのごとく、子どもたちにその答えを求めています。会ったこともない著名な研究者が述べている「正しい (とされる) 解釈」を子どもたちに高らかに語ったりもしています。

　もし、子どもたちが読んでいる本の内容を正しく理解しているかどうかを確認するためにカンファランスを行うとするならば、教師は子どもたちの読んでいるすべての本に目を通し、そのすべてについて「正しい理解」ができていないとカンファランスを行うことはできないということになります。

　そんな考えのまま授業を進めていくと、「教師がよく知っている本しか子どもたちに読ませない。そして、教師の読んでいない本は子どもたちに読ませない。さらに、子どもたちが教師を越えて読みの力をつけることを認めない」というスタンスになってしまいます。

　教師は、子どもたちの成長を可能な限り最大限に引き出したいと考えているはずです。にもかかわらず、教師の知っている本や教材しか読ませないとするならば、子どもたちは狭い籠で育てられた鳥のように、大空を知らずに１年間を過ごすこと

になってしまいます。その結果、教師は子どもたちを掌握できると安心し、子どもたちは教師の手のひらの中だけが空だと思い込んでしまうのです。このようなことにならないためにも、教師が読んでいない本でもカンファランスを行っていくようにしましょう。

例えば、子どもが教師の読んだことのない本であらすじを説明したとしましょう。そんな時は、その正しさを確認するのではなく、その子どもがまだ疑問に思っている点や分からない点が何なのかを明確にしたり、本を読んで想像を膨らませたことを言語化できるように支援します。また、その子が書かれていることとのつながりを明らかにしたり、次の読書につながるテーマを一緒に考えたりします。読んだことのない本でも、効果的な読み方（優れた読み手が使っている方法、75〜76ページ参照）を子どもに示すことによって、子どもの読みは確実に深まっていきます。

「教師が読んでいない本でもカンファランスはできる」と述べたからといって、教師は本を読まなくてもいいということではありません。読んだことのある本のほうが、より効果的にカンファランスを行えることは確実です。それに何よりも、日頃から本を読むことを楽しんでいない教師と本について対話をしたいと思う子どもがいるはずがないことも肝に銘じておきましょう。

たくさんの本を読んだ教師だけが読書家の時間を行うことができる、というわけではありません。今もこれからも、本を通じて自分の生き方をもっと磨いていこうとする教師が、自分自身をモデルとして子どもたちに伝えるべきです。読書を大切にする教師の思いが教室を包み、子どもたちの気持ちを揺り動かしていきます。

10　カンファランスは子どもの成長が感じられる教え方

> 今年の読書家の時間で一番自分の役に立ったのは、やっぱり、先生と本の話をしたことです。先生に今読んでいる本のあらすじや主人公を教えてあげました。先生も、どんなことを読書ノートに書いたらいいか教えてくれたり、同じテーマの本を紹介してくれたりしました。だから、ぼくは、先生と話をしたことがいちばん読書の役に立ったと思います。（4年生の年度末の振り返りより）

カンファランスは、子どもの成長を近くで感じることのできる教え方です。子どもたちの表情や成長を間近に感じることができ、それをともに喜ぶことができるのです。本好きになった子どもが、教師の読書の範疇をどんどん越えていき、自分らしい読書生活を形づくるようになった姿に感嘆することもあります。また、読書が苦手だった子どもが楽しく読める本を発見し、のめり込んでいく姿にカンファランスをしている教師がワクワクしてしまうこともあるでしょう。

　本章においてこれまで述べてきたカンファランスの事例を見ても分かるように、このような教え方を経験してしまうと、教師自身もこの教え方のとりこになってしまいます。子どもたちの活き活きとした瞳、がんばった顔、本に没頭する姿を近くで感じながら、その子どもが成長できる言葉を投げかけられるカンファランス、ぜひみなさんも行ってください。

第5章 共有の時間

　読書家の時間の最後には、本章で紹介する「共有の時間」を設けます。共有の時間は、クラスの子どもたちが自分の読みやミニ・レッスン、そしてカンファランスで学んだことを振り返り、新たな気付きを共有しあって優れた読書家へと成長するためにとても大切な時間です。ミニ・レッスンと同様に5〜10分という短い時間ですが、「共有の時間」を充実させることで、子どもたちの読みが深まり、読んだことについて考える力が大きく向上します。もちろん、ペア、小グループ、あるいはクラス全体という異なる形態で行うことができます。

　教師は、子どもたちが友達のよい例を自らの学習に取り入れやすいように、共有の時間の方法を工夫する必要があります。友達の学び方は、隣にいてもなかなか見えないものです。それをお互いに聞きあって言葉にしたり、キーワードにして黒板に提示したりしていきます。また、ひたすら読む時間中にみんなに紹介したい例があれば、教師がインタビューする形で子どもに語ってもらったり、時にはビデオに撮ったり、ノートをコピーしたりして紹介することもできます。

　読書家の時間は、子どもたち自身が選択するということを大切に考えています。だからこそ、お互いの学び方を知り、お手本として取り入れたり、助言しあったりする時間を確保し、自分だけの学びに陥ることなく、学び方を常に向上させることができます。本章において、一番伝えたいメッセージは以下の二つになります。

❶その日の学びを振り返り、自己評価、自己改善・修正のチャンスを！
❷友達と互いに学んだことを共有することで成長するチャンスを！

1 ペアで共有する（6年生）

　6年生のクラスの、ある日の「共有の時間」の様子を紹介していきます。「今日は、今読んでいる本について、あらすじやおすすめのポイントなど、心に残ったことをお互いに紹介してみましょう」とクラス全体に伝えて、ペアで語り合う時間をとりました。
　『ギヴァー』と『チョコレート・アンダーグラウンド』を読んだ男の子二人が、一番心に残ったことを話し始めました。

ロイス・ローリー／島津やよい訳、新評論、2010年

雄太　『ギヴァー』を読んでいると、いろいろなことが頭に浮かんでくるんだ。読み始めた頃は、この本に出てくる人たちは誰に対しても礼儀正しいなあ、と思っていたんだけど、読み進めていくうちに何か変だなと思い始めて……。もし、自分たちが暮らしている世界がこんな感じだったら嫌だなと思ったよ。

啓介　へぇー、どんなところが嫌なの？

雄太　いろいろなことを自分で選べないところだね。結婚相手や仕事を、自分で選ぶことができないんだ。驚いたのは、家族の誰とも血がつながっていないことだよ。「子どもを産むこと」が自分の仕事になっている人もいるんだ。

啓介　えーっ！　そんなの絶対に嫌だなぁ。

雄太　ほかにも、信じられないことがあってね。『ギヴァー』の世界には「色」が存在しないんだ。「音楽」もない。さらに驚くことに……あ、これ以上話したら読んだ時の楽しみがなくなっちゃうね。

啓介　わぁ、気になるなあ。「色がない」ってどういうことだろう。想像できないよ。読みたくなってきた。
　　　ぼくは、『チョコレート・アンダーグラウンド』を読んだよ。ブッククラブで『青空のむこう』を読んですごく面白かったから、ほかのアレックス・シアラーの本も読みたくなって。この本も、最初から面白くてどんどん読めちゃう。選挙で健全健康党が勝ったことで、甘いものを売ったり買ったりしてはいけないチョコレート禁止法が出されるんだ。チョコレートや砂糖を使ったものを持っているのが見つかると、再教育のための施設に送られてしまう。そして、以前とは別人のように変えられてしまうんだ。

雄太　別人のようになるって、どういうこと？

啓介　チョコレートを学校へ持っていった子どもがいて、それが見つかって矯正施設に連れていかれちゃうんだ。帰ってきた時には、チョコレートなんて見るのも嫌、というような人になっていたんだ。

雄太　なんだか怖いね。チョコレートを持っているだけで別人のようにされてしまうなんて……どうしたらそんなふうに人間が変わっちゃうんだろう。気になるなあ。それに、変な世の中が舞台になっているところは『ギヴァー』と似ている感じがするなぁ。

　共有の時間の二人の会話は、このようにいつまでも続いていきそうです。お互いが読んだ本について語り合うことで、本の内容をより良く理解できるようになります。また、友達の紹介がきっかけで新たな本との出合いも生まれます。

　ペアでの共有・振り返りを継続していくと、授業以外の場でもお互いが読んだ本について会話が自然にできるようになり、本を読んで紹介しあうという関係がクラス全体に広がっていくことが実感できるようになります。これは、教師にとってとても嬉しいことです。授業で学んだことが教室の外でも活かされ、子どもたちが「本のある生活」を楽しんでいる姿を見ることができるのです。

　このような本についての会話は、年度の初めから上手にできるわけではありません。『リーディング・ワークショップ』の第9章に詳しく紹介されていますが、読み聞かせや考え聞かせを行うなかで、本に書かれていることと自分とのつながりを

見いだしたり、本に書かれていることから自分の考えを発展させたりするための話し合いを教師が実際にモデルを示しながら積み上げていきます。上手な話し合いができているペアのやり取りを、クラスのほかの子どもたちが観察することで学ぶ方法（116ページの金魚鉢の方法を参照）も有効です。共有の時間に限らず、よいモデルから学ぶことは、読書家の時間のなかでは大切にしたいことの一つとなります。

2　年度初めの共有の時間（3年生）

　4月半ばの共有の時間に、3年生の子どもたちに次のように投げかけてみました（『リーディング・ワークショップ』174〜178ページを参考にした実践です）。
「今日のひたすら読む時間は、みんながとても集中して本を読むことができていました。でも、今読んでいる本の続きを家でも同じように集中して読み続けるためには、どんなことを大切にするとよいでしょうか。アイディアを出してみましょう」

　子どもたちは、家でも本を読み続けるために必要なアイディアをどんどん出しました。
　　・いつも決まった時間、決まった場所で読む。
　　・寝る前は必ず読む。
　　・朝少し早起きをして本を読む。
　　・家族で読書タイムをつくる。
　　・自主学習1時間のうち20分間は必ず本を読む。
　　・テレビはどうしても見たい番組だけにして、そうでなければ本を読む。
　　・学校で読んだところまでに1枚付箋を貼り、家で読んでくる目標のところにもう1枚の付箋を貼っておく。

　このような子どもたちから出たアイディアを模造紙に書いて貼り出し、いつでも確認できるようにします。また、必要に応じてアイディアを付け加えていくとよいでしょう。年度初めはこのように、読書生活にかかわることをクラス全体で共有す

ることで「本のあるクラス」や「読むことが日常的に行われるクラス」を目指していきます。

3 みんなで読んだ本を共有する（1年生）

「今日は、読んでいた本を持って輪になって集まりましょう。どんな本を読んだのかみんなに見えるように、表紙を見せて座ってね。『見てみて紹介』です。こんなふうに本の表紙を見せて、題名を一人ひとり教えてください。そして、どんなことに心が動いたかというお話も聞かせてね。それでは、先生から紹介します。先生が今日読んだのは、『どろんこハリー』です。表紙の絵もとてもお気に入りです。これ、ハリーかな？　こっちのハリーはどろんこだから何があったのかな？と、ワクワクしながら読みました。このページは、どろんこになったハリーが家族に分かってもらおうとしていろいろな芸をするところです。（ページを開いて見せる）特に、死んだ真似までしたところが可愛くてけなげで、心に残りました」

　教師の説明を聞いたあと、子どもたちも早速「見てみて紹介」をスタートして、お気に入りのページを開いたりしています。題名をしっかり伝える子どもがいる一方で、「うまく言えないけれど、これです」と言う子どもがいると、みんなが表紙の題名を声に出して読んであげたりもしています。教師が先にやり方を示すことで、子どもたちは安心して紹介をすることができます。「見てみて！」と、なんだか自慢気でもあります。

　絵本を読む低学年にとって、表紙を紹介するというのはとてもよい活動となります。背表紙だけでは手に取らない本も、表紙を見ることで刺激を受けることが多いからです。時間があまりとれない時には、机の上に表紙が見えるように本を置き、まるで見本市で展示物を見るように子どもが自由に歩き回れるようにし、気になった本を手に取って見ることができるようにするのもいいでしょう。

　共有の時間に慣れていない初めの頃は、紹介のあとで教室の後ろのロッカーの上に表紙が見えるように本を置いてもらい、「帰りの時まで置いておくから、読んでみたい本はそこからとって読んでいいからね」と伝えます。

4 「詩人の椅子」で読んだ詩を共有する（4年）

　4年生のある教室では、図書館の団体貸出を利用して詩の本を50冊借りました。年間計画（175～176ページ参照）に基づいて、2週間にわたって「詩にひたる」ことを目指して多くの詩をクラスみんなで読んだのです。毎回の「共有の時間」では、自分が見つけたお気に入りの詩を「詩人の椅子」（「作家の時間」で使う「作家の椅子」の読書版）に座って一人ずつ紹介しました。

綾子　私が紹介するのは、『のはらうたⅤ』の中の、にじひめこさん（実際は工藤直子が書いている）が書いた「えいえん」という詩です。

　　　　あめあがり　あおぞらが
　　　　あんまり　すてきだったので
　　　　おひさまと　そうだんして
　　　　にじいろのみちを　かけました

　　　　あおぞらが　えいえんに
　　　　かがやきわたるようにとの
　　　　ねがいをこめて
　　　　ごらんなさい
　　　　いま　にじのみちを　しずしずと
　　　　「えいえん」が　わたっていきます

　　　　すぐきえる　わたしですが
　　　　あおぞらと　いっしょに　わたしも
　　　　えいえんに「あらわれつづける」
　　　　つもりです　　　　　　（『のはらうたⅤ』154～155ページ）

教師	綾子さんは、この詩のどんなところが気に入ったのですか？
綾子	虹はいつもすぐに消えちゃうのに、「『えいえん』がわたっていきます」と言っているところです。
教師	おお、なるほど！　すごいなあ。いいところに目をつけていますね。みなさんはどうでしょう？　綾子さんが今読んでくれた詩で、「いいなあ」と思うことはありましたか？
武志	「おひさまとそうだんして」というところがよかった。虹はお日さまの光がないとできないから。イメージにぴったりな感じ。
教師	なるほど。使われている言葉からイメージを思い浮かべて読んでいるのがいいね。
幸恵	「しずしずと」という言葉が、にじひめこさんの性格を表している感じでよかった。
功一	あっ、それぼくも同じことを思った！　「しずしず」というのが、少し遠慮しながらというか、ひかえめな性格のような感じがする。それと、すぐに消えちゃうけど、青空と一緒に「あらわれつづける」というところもいいなって思った。
教師	みんな、一つの言葉に注目して意味を深く考えたり、青空や虹のイメージを思い浮かべたりしながら、よく考えて読んでいますね。素晴らしいです。これからも、ぜひそういう読み方を楽しんでいきましょう。

　綾子さんが共有の時間で気に入った詩をみんなに紹介してくれたおかげで、一つの言葉からイメージを広げて読むことを、みんなが体験できたわけです。

5　共有の時間のバリエーションとその効果

　「共有の時間」で行うことには、上記の例のほかにも様々なバリエーションが考えられます。いずれの方法も、最初は教師が見本を示すことから始めて、だんだんと子どもたち自身で共有の方法を選べるようにするとよいでしょう。一人ひとり読ん

で考えたことを、自分たちにあった方法で共有する機会を積み重ねていくことで、互いに学びあい、助けあうといった関係が教室内に広がっていきます。

　先にも述べたように、それが習慣になると、授業以外の場面でも子どもたちが読んだ本について自然に話す姿が見られるようになります。読書が、個人的なものからクラスみんなで分かちあうものへと変わっていくわけです。

1　共有のバリエーション

　共有の時間にはいろいろなやり方があります。[★1] ここでは、筆者らが実践してきた主なものを以下で紹介します。子どもたちの実態にあわせて、適切なものを選ぶとよいでしょう。

　本の紹介の方法や読書ノートの書き方などについては、年度の初めは教師がモデルを示しながら教えていきますが、子どもたちのなかからよいアイディアが出てくるようになったら、そのモデルになりそうなものをクラス全体に紹介して学べるようにしていきます。クラス内の子どものアイディアを取り上げて教師が紹介すると、その後も子どもたちはいろいろな工夫をするようになり、友達同士で学びあうことが促進されます。

- 読書ノートを見合い、お互いが読んでいる本について知る。
- 読んでいる本（読み終えた本）を紹介しあう。
- 読んでいる本についての疑問や質問を出しあう。
- 「読書家の椅子」。「作家の時間」で作品や下書きを「作家の椅子」に座って紹介するのと同じように、みんなに紹介したい本を共有の時間に「読書家の椅子」に座って紹介する。先に紹介した「詩人の椅子」もその一例です。
- ミニ・レッスンで学んだことを定着させるために、上手に読んでいる子どもの読み方や読書ノートの書き方などを教師が取り上げてクラス全体に紹介する。
- その時間に読んだところまで、ペアやグループになって本の内容を説明しあう。

第5章　共有の時間　115

読書家の椅子

・どんな効果的な読み方を使って読んでいたかを話し合う。
・読みたい本のリストを紹介しあう。
・自分が読んでいる本の選書の理由を紹介しあう。
・3～4人のグループで集まり、一人1分間で本の紹介をする。
・本を読むことで学んだことや、新たに得た知識をクラスのみんなに伝える。
・読書ノートに本を読んで考えたことや発見したことを書くことで、自分の思考を振り返る。
・振り返った内容をペアやグループ、クラス全体で共有する。
・読み手として成長していくための次のステップを考える。「読むこと」に関して、今できていることと、これからの目標を読書ノートに書いておく。
・クラス全員で大切なことを分かちあう（覚えておきたいこと、いつも意識したいことなど）。例えば、みんなの参考になるような振り返りを書いている

---

(1) 『*Day-to-Day Assessment in the Reading Workshop*（リーディング・ワークショップを日々評価する）』（Franki Sibberson and Karen Szymusiak, Scholastic, 2008年）の155～157ページには、特に子どもが読み手として行ったことやテーマを絞った質問を使う方法などが紹介されています。筆者らの、教室での共有の時間のバリエーションを考えるうえで参考となりました。

子どもの読書ノートを紹介する（書画カメラを使って紹介すれば、クラス全員で見ることができる）。
・ブッククラブやペア読書のあとに、本についてのよい話し合いの要素を全員で出しあう。あるいは、より良い話し合いができるようにするために、うまくいったことと改善すべきことをはっきりさせる。
・ブッククラブでうまく話し合うことができたグループに話し合いの様子を再現してもらい、ほかのグループの子どもはそれを見て学ぶ。（金魚鉢）
・書く、話し合う、人に説明するなど、多様な方法を使って振り返る。
・ミニ・レッスンで学んだ読み方を、「ひたすら読む時間」の時に使えたかどうかをペアやグループで振り返る。

　共有の時間にできることのなかには、ミニ・レッスンの時間に行っているものも含まれています。その理由は、ミニ・レッスンで教わったことを共有の時間を使ってフォローしていくからです。逆に、共有の時間で扱ったことや、そこから見えてきた課題をミニ・レッスンで教えることもあります（70〜72ページの「共有の時間から生まれるミニ・レッスン」参照）。さらには、カンファランスで気付いたことを共有の時間で扱うこともあります。
　このように、ミニ・レッスン、カンファランス、共有の時間の三者は、読書家の時間の大切な要素として密接に結び付いているのです。
「共有の時間」があることで、子どもたちは本を読みっぱなしにしなくなります。様々な視点の読み方に気付いたり、自分が読書家の時間にしたことを振り返ったり、自分自身がより良い読み手として成長するために必要なことは何かを考えたりするからです。

2　共有の時間の効果

　読書家の時間の最後に「共有の時間」をもつことで、以下のような効果が期待できます。
・より深く読むための読み方を意識するようになる。

- 新しい本を知ることができる。
- 授業の最後に振り返ったり、紹介しあったりすることが分かっている子どもたちは、ひたすら読む時間への取り組みにより責任がもてるようになる。つまり、読みっぱなしで終わりにできない状況をつくっている。
- 本の楽しさを友達と共有できるようになる。
- 「読むこと」に関して、クラス全員で大切にしたいことが共有できる。
- ミニ・レッスンで教えてもらったことを再確認できる。
- 多様な考え方、読み方、解釈の仕方を知ることができる。
- 読むことに関する自分自身の目標が明確になる。
- ペアやグループ、あるいはクラス全体で同じ本を読んでいる場合、自分の読みを修正することができる。
- 友達と話すことで、自分の読み方の癖に気付く。
- 新たな視点を手に入れることができる。
- 読むことが、一人で行う孤独な行為から、みんなで分かちあうことができるものへと変わる。
- 個人やクラス全体で、読むことで達成したことを意識しながら読めるようになる。

　読書家の時間を通して自立した読み手を育てるためには、自らが学んだことを頻繁に振り返ることが不可欠です。振り返りの方法には、ひたすら読む時間のあとで、読んで分かったこと、理解したことを読書ノートに記録するというように、一人でできることもあります。

　振り返りの時間を継続してもつことによって自己評価や自己修正の力が高まります（第8章「評価」を参照）。さらに、学んだことを友達と共有することで、自分一人では気付くことのできなかった解釈や読みの方法、そして学び方も気付くようになります。

　読書家の時間を実践している教師は、読む時間、読む場所、読むべき本、教えるべき内容のほかに、読んだ本を振り返ってより深く考えたり、一人で読んで考えたことを友達と伝えあうことで本を読む楽しさや、同じ本を読んでも一人ひとり考え

ていることが違うという事実を知ることも大切にしています。つまり、読んだことを分かちあってみんなの宝物にしているのです。

　読書家の時間の中核には、「ひたすら読む」時間があることは間違いないのですが、「共有の時間」があることによって子どもたちは、自分自身の読みを振り返り、優れた読み手として成長するための次のステップを知ることができます。

コラム❹ 子どもの変容
――グループ・インタビューから分かる子どもたちの成長

教師 ４年生のこの１年間、読書家の時間で読むことを学んできたけれど、「読むこと」に関して何か変化はあった？

和人 ブッククラブがあったから本を読むのが好きになって、たくさん読むようになった。

教師 ほかの人はどう？

明良 本は前から好きだったけど、今までは字が小さい本は全然読まなかった。先生の図書館（教室の図書コーナー）の本を読んでいるうちに、小さい字の本も読めるようになった。

正樹 ３年生まではブッククラブのような授業がなかったから、本を勉強するというか、本を好きになる時間がなかったけど、４年生ではブッククラブがあった。そのおかげで、本を好きになって読めるようになった。

明良 ３年生までは教科書しかやってなかった気がする。読書タイムはあったけど、読書家の時間やブッククラブみたいな感じとは違った。絵本ばかり読んでいたし、小さい字の本を読もうとはしていなかった。

教師 教科書では、本は好きになれないの？

和人 「好きになれない」ことはないけど、教科書は最初から読むものが決められている感じがする。ブッククラブは自分で選んでいろいろな本が読めるところがいい。

正樹 教科書はみんなで仕方なく読む感じだけど、ブッククラブや読書家の時間だと自分の好きな本が読めて、好きなことが書ける。家庭学習でも本が読める。

和人 ぼくが本を好きになった理由は、『獣の奏者』を先生が紹介してくれて、読んでみたら、本はこんなに面白いんだなっていうのがはっきりしたから。読んでいるうちに、『齋藤孝の「がつんと一発」シリーズ』とかほかの本も面白く感じるようになって、本を読めば得をするというか、そんな感じがしてきた。

教師 みんなに質問なんだけど、３年生の時も「本を読んだほうがいいよ」と言われてきたと思うんだ。だけど、みんなは今年のほうが読んでいるわけでしょう。何が違うのかな。

正樹　「読んだほうがいいよ」ということを言われるだけだと、結局読みたくない人は読まない。今年は、「ひたすら読む」というルールがちゃんと決まっていて、好きな本を選べる時間がたくさんあったから、読むようになったのかも。

慎太　「本を読んでください」と言われても、どういう本を読んだらいいのかが分からなくて困ることがあるけど、今年は先生がおすすめの本を教えてくれたり、本の選び方のコツを教えてくれたりしたから、本が好きになった。うちのクラスには図書コーナーがあって、いろいろな本がいっぱいあるから、すぐに読みたい本を選ぶことができた。

教師　ほかに、3年生の時と比べて変わったことはあるかな？

正樹　3年生までは平凡に読んでいただけだったけど、今年は読書家の時間にいろいろな読み方を教わったから、そういうことを意識して読むようになったかな。

慎太　3年生までは、友達が「この本面白いよ」と教えてくれても「どこが？」と思うだけで、読もうとしなかった。4年生で本を読むようになって気付いたのは、面白い本は「深い」んだよね。読んでいる時にいろいろなことを考えさせられるというか。

明良　3年生の時はあまり考えずに読んでいたけど、4年生になって本の読み方のコツを教わったら、本の楽しさというか、「深く読むこと」がどんなことなのかが分かってきて、どんどん読めるようになった。

教師　本が読めるようになるために、一番役に立ったことは何だと思う？

和人　最初に読書家の時間を始めた時、先生が読む時にこうしたら読みやすいし、面白いよって教えてくれたことで本を楽しめるようになった。例えば、じょうずな読み方とかが役に立った。

正樹　ブッククラブで、大事だと思ったところに付箋を付けたことかな。「いいな」と思うところとか、不思議に思うことがいっぱいあったから、付箋の色を変えたりした。

明良　読書ノートにまとめたことを読み返して、ああこの本は面白かったなあとか、そういうことも結構あった。

第6章 ガイド読み

1 ガイド読みとは

　読書家の時間では、子どもたちが自立的な読み手へと成長できるように、子どもたちにたくさんの機会を提供します。読書家の時間が進んでいくと、子どもたちは本を選んだり、時間の使い方を自分で考えて計画を練ったりするようになります。その一方で教師は、読書家の時間のなかの様々な場面で、子どもたちに読み方を教えたり、より良い読書生活に導いたりします。このような自主性を重んじる読書家の時間において、教師はどのような場面で子どもたちに教えているのでしょうか。

　ミニ・レッスンでは、クラス中の大多数の子どもたちが必要だと考えたものを、短い時間でしっかりと全員に教えます。そして、カンファランスでは、一人ひとりの読みの状況をつかみ、それぞれがその時点で必要としていることを教師は対話を通して教えていきます。

　筆者らは、「ガイド読み」をミニ・レッスンとカンファランスという教え方を補うものとして位置づけ、2～6人ぐらいの人数を対象に行っています。事前に子どもたちの課題やニーズをふまえてガイド読みを行う子どもを決め、教師がよく知っている本を使って丁寧に教えていきます。『リーディング・ワークショップ』（125ページ）のなかでは、ガイド読みは、その本を熟知している教師が案内役（ガイド）になって、その本への旅に子どもたちを導いていくと説明されています。

ガイド読みでは、ミニ・レッスンやカンファランスよりも時間は長めにとります（目安は15分）。ガイド読みを行っている間、そのほかの子どもは一人読みやペア読書などの「ひたすら読む」ことを行っています。ガイド読みは、1回で終わることもありますが、数回に分けて行うことで教えたいスキルの定着を確実なものにする場合もあります。

　ガイド読みを上手に使うと、個別カンファランスに費やす時間を大幅に削減できるだけでなく、教師は支援を必要とする子どもの力を効果的に伸ばすことができます。低学年と高学年の事例を紹介しながら、ガイド読みのポイントを明らかにしていきます。

2　低学年へのガイド読み──『はらぺこあおむし』を使って

　1年生にカンファランスをしていると、文字の下に指を置きながら、一文字一文字「そ・の・ち・い・さ・な・こ・ど・も・た・ち……」とつぶやきながら読んでいる子どもが多いです。ゆきさんも、そんな一人でした。ゆきさんは、これまで絵を眺めることだけで読んだと思っていました。しかし、今は文字と向きあい、読むことに挑戦しています。その姿こそ成長の証で、とても頼もしく感じます。

　とはいえ、そんなゆきさんの様子から、いくつかの課題があることに教師は気付いていました。字を追うことに熱心になるあまり、絵のほうは何となくチラッと見るだけで終わっています。彼女は最後の一文字を指でなぞりながら読み終えると、すぐに次のページをめくってしまったのです。

　教師が「絵も面白いよ。絵は見た？」と声をかけると、「あっ、忘れてた」と言います。そして、「字だけを見てないと分からなくなってしまうし、絵も字も見ると忙しい」と続けました。

　ゆきさんは、今、文字を読むということに挑戦しています。しかし、一文字ずつ声を出して追うことはできても、それを言葉のまとまりとして読むことや、理解したことと絵をつなげることができていません。

　一文字ずつ声に出す読み方の大きな特徴は、つぶやいた時の声が一定だというこ

とです。まるで機械的な音声案内のように、イントネーションが平坦なものになってしまうのです。それは、一文字ずつがまだバラバラの状態にあるからです。そのため、このようにたどたどしい音読になります。

「そ・の・ち・い・さ・な・こ・ど……」とつぶやいているゆきさんの理解は、「そのちいさなこどもたち」と言葉になるのではなく、意味をもたない文字の羅列になっています。そのため、ゆきさんに絵本の内容を尋ねてもうまく答えることができません。「字がくっつかないで、バラバラになっているみたいだね」と言ってから、「そのちいさなこどもたち」となるように指で囲みながら読んで聞かせると、「そうか！」と言っていました。

　ゆきさんの例のように、本を読み始めた低学年の子どもたちは、自分では読み進められずに苦労していることがあります。そのような子どもたちは、絵からの情報のみに頼っていたり、文字を追うことに精いっぱいになってしまったりして、多くの場合、内容の理解ができていません。また、難しい言葉に出合うと最後まで読むことができなくなってしまう子どももいます。

　このような場合、引き続きカンファランスを積み重ねていくこともできますが、同じような課題をもつ子どもたちを集めて「ガイド読み」（『リーディング・ワークショップ』126〜137ページを参照）を行うことが有効です。様々な課題をもつ子どもに対してガイド読みは行うことができますが、特に読むことについて初歩的な課題を抱えている場合には、カンファランスで教えるよりもガイド読みを行うほうが課題を乗り越えやすくなります。なぜなら、ガイド読みは教師の選んだ短い話を使いながら行うので、その子どもに必要なことを短時間で教えることができるからです。

　また、こうした子どもの様子は、教師には読むことに苦労しているように映りますが、本人は苦労しながらも、「字を読むぞ！」とか「本を自分で読もう！」とやる気を出して取り組んでいることが多いのです。

　ガイド読みには、その気持ちをくじくことなく教えることができるという利点もあります。一文字ずつ読むたどたどしい音読は子どもたちにとっては負担が大きいため、一人だけで続けていくと読むことに疲れ果てて、徐々に嫌いになってしまうということもふまえておいてください。

この教師は、ガイド読みでゆきさんを教えることにして声をかけました。

教師　ゆきさん、指を使いながら読むことをがんばっているね。でも、大変じゃない？
ゆき　うん。ちょっとたいへん。
教師　じゃあ、今先生と少しやったようなスラスラ読みができるようになるために、しばらくの間、「スラスラ読みマスターグループ」で一緒に読むことをやってみない？
ゆき　（大喜びで）やるやる！

　もちろん、この「スラスラ読みマスターグループ」が、ガイド読みのグループのことです。実際、低学年の子どもは、このように少人数で先生と一緒に活動できることをとても喜びます。子どもたちの期待や意欲を大切にして、ガイド読みのスタートを切ることをおすすめします。

　ゆきさんを含め、同じような課題のある子どもたち4人を集めて机で半円をつくり、その中心に教師の席を設けます。この4人は、ゆきさんと同じ読み方の子ども、指でなぞりながら声に出さないけれど読み進まない子ども、何回か声につぶやくことを繰り返さないと理解できない子どもで、教師がカンファランスを通してガイド読みを行うべきだと判断した子どもたちです。
　ガイド読みの最初に、教師が子どもたちに次のように説明をしました。

　　スラスラ読みマスターグループを始めます。先生がこのお話を説明するから、まずは聞いてね（表紙だけを見せる。この段階では、まだ本は子どもに配らずに、しっかりと話を聞けるようにする）。
　　『はらぺこあおむし』という絵本です。どんなお話かというと、まず登場人物はあおむしです。卵からかえったあおむしが、どんどん大きくなってやがて大人になる話です。
　　あおむしは、日曜日の朝、卵からかえります。でも、卵からかえったばかり

だから、とっても小さくておなかがペコペコです。そこで、食べ物を探しに出掛けます。

　月曜日、火曜日、水曜日、木曜日、金曜日とあおむしは毎日おなかがへって、いろいろなものを食べていきます。毎日、違うものを一つずつ増やしながらね。一つ食べたら、次の日二つ、というようにです。

　絵と同じものを、絵に描いてあるのと同じ数だけ毎日食べていきます。毎日変わっていくところが大事です。そのなかに出てくる「ピクルス」っていうのは、キュウリをお酢につけたもので、ハンバーガーに切って入っています。こういうものね。味はすっぱいの（絵本の中のピクルスの絵を見せて説明する）。「サラミ」っていうのも食べ物で、ソーセージみたい。よくピザにのっている丸いものです。あと、言葉で難しいのは「さなぎ」。あおむしは大人の蝶になる前に「さなぎ」っていうものになるの。さなぎの時は何も食べないで、膜のようなものをつくって、その中で冬眠するみたいに動かずに枝にくっついているの。

　大人になって蝶になるあおむしは、大人になる前に必ずさなぎになるんだよ。それで、さなぎの中ではゆっくりゆっくり蝶になる準備をしているの。それが「さなぎ」というもの。

　それでは、いつもと同じように一人で最後まで読んでみましょう。（本をわたす）

このガイド読みで説明をする時に大切にしたいのは、以下の３点です。
❶アオムシの変化で話が進んでいくことを示し、読むポイントとして伝える。
❷絵と文章のつながりを先に提示する。
❸子どもたちが分かりにくいであろう（イメージしにくいであろう）言葉の意味を伝える。

このような教師による最初の説明は、ガイド読みの初めの２〜３分ぐらいを目安にして行います。慣れないうちは、事前に、あらすじ、登場人物、物語の移り変わる箇所、理解しにくい言葉の説明などをピックアップして準備しておきましょう。

ちなみに、『リーディング・ワークショップ』には「ガイド読みの80％を決めるのは最初に行う説明だ」（131〜132ページ）という考えが紹介されています。
　子どもたちが本を読み始めたら、子どもたちが難しそうに感じているところはどこかと考えながら観察をします。この時、もし途中でつまずいているような場合は、確認の質問をしたり、場合によっては代わりに読んで聞かせたりします。読んでいる間、声を出していない子どもに対しては「声を出して読んでね」と伝え、たどたどしい読み方になっていないかどうかを確認します。
　読み終わったあと、この教師は4人の子どもたちに、「どうだった？　お気に入りのところは見つかった？」と質問をしました。
「あおむしがいろいろなものをたくさん食べているところがおもしろかった」
「チョウチョになったのがきれいだった」
「あおむしがどんどん大きくなるのがすごい」
「おなかがいたくなったのは、そうだなって思った」
　このように、本に対する感想を簡単に話してもらったあと、「難しかったところはどこだった？」と問いかけたのですが、初めてのガイド読みだったせいでしょうか、子どもたちはその質問に答えることができませんでした。
　どれくらい読めているかを自分自身で正確に把握できるようになるのには時間がかかります。なぜなら、この子どもたちにとって、この読み方が今できるすべてだからです。これからも、丁寧に、繰り返し、積み重ねていかなければなりません。
　教師は、あおむしが何を何個食べたのかが絵でも説明されていることを伝え、「いちごを一つ食べました」というように、文字をつないで単語にして読むことを教えました。そして、そのページを、指を使わずに目だけで文字を追って読むことにしました。
　一人の子どもは、音読をしてもらった箇所がスラスラ読めていたので、最後のほうの「もうあおむしは　はらぺこじゃ　なくなりました。ちっぽけだった　あおむしが　こんなにおおきくふとっちょに」という部分の音読を一緒に行い、「ちっぽけ」と「ふとっちょ」という言葉の意味を確認しました。そして、似ている言い方である「小さい」や「太っている」という言葉との語感の違いを考えました。

このように、ガイド読みでは一つか二つのことを学んで、10〜15分程度で終了します。このあとは、またそれぞれ自分の読んでいる本の続きを読んだり、ガイド読みで使われた本を引き続き読んだりします。「読んだ本の続きや、関係のある本を読んでもいい」と伝えると、子どもたちは普段通りの一人読みの時間に戻っていきました。

　前述したように、読むことを旅にたとえるとするならば、ガイド読みは、教師という案内役（ガイド）がぴったりと付き添って本の世界を旅するようなものです。ガイドである教師は、旅の目的地である本をまず決めます。いきなり遠出はせずに、まずは近い所からスタートします。そのほうが、旅行者である子どもの負担も少なくて出発することができます。

　ガイドである教師は、その道程をよく知っておかなければなりません。問題が起こりそうな所もあらかじめ予測できていなければ、子どもたちを本の世界の旅へ導くことはできません。教師が熟知している本を選び、その世界を旅するために必要な情報を子どもたちに提供することが大切なのです。

　次の本の世界への旅の時には、ガイドのいない自由行動が少しでもできるように、物語の続きのあるものや、子どもが別の場所に行きたいと思うような本を選ぶことも大切となります。以下では、低学年のガイド読みによく使う本を紹介しておきます。

グリム童話、イソップ物語、日本昔話、民話など

　これらは短編が多く、繰り返しが多いので、概要がつかみやすいのが特徴です。読み聞かせで慣れ親しんだ本なので、自分で読んでも負担はそれほど大きくありません。グループでのガイド読み用に、3〜5冊の本が揃えられないような時でもテキストのコピーを使うことができます。また、長さなどで難易度を分けてストックすることもできます。

　例えば、『かちかちやま（てのひらむかしばなし）』は、分かち書きの文章（文節ごとにスペースが置かれている文章。低学年の教科書で使われている）なので、言葉のまとまりで音読したり理解したりしていくヒントになります。

『ねずみくんの絵本』（シリーズ）

　短編で、絵と文をあわせながら読み進めていくことができます。読み聞かせをしてもらっていることも多い絵本のため、ストーリーが把握しやすいのも特徴です。ねずみくんを主人公に、1冊1冊新たな仲間が加わりながら話が変化していくところもよい点と言えます。また、シリーズとしてたくさん出版されているので、ガイド読み以降も、子どもが自分でも読みたいと意欲を高めることができます。

『14ひき』（シリーズ）

　同じく短編です。14匹のねずみの家族の話ですが、自然や生活、四季折々のテーマで描かれているため、子どもたちの日常と結び付けることができます。これもシリーズなので、その後、興味がもてれば自分で読み進めることができます。

3　高学年へのガイド読み
──『エンデュアランス号大漂流』を使って

　冬休みに入る2週間前、5年生の奥村くんは、カンファランスで『十五少年漂流記』を読み終えた充実感を語り、冬休みには冒険をするような本でワクワクしたいと話していました。最初は、登場人物が多くて読み続けることを諦めそうになっていましたが、中心となる人物の行動に注意しながら読んだり、巻頭の登場人物紹介を利用したりしながら、自分のペースで最後まで読むことができたようです。

　次の本を読みたいと思っている奥村くんの意欲を裏切ることないよう、教師は次の一手を考えることにしました。そして、何の助言もなしに冬休み中の読書に取り組ませるよりも、冬休みの前にガイド読みを通してこれから読む本が読みやすくなるようにしたようです。事実、『十五少年漂流記』でも奥村くんは教師の支援で大きく成長しましたし、せっかく芽生えてきた前向きな気持ちを、教師の助言なしで読むことによって失わせたくなかったからです。

　教師は、冒険する話に興味をもち、読むことが好きになり始めた奥村くんに適切な本は何だろうかと考えました。その結果、かつてブッククラブでも使用したことのある『エンデュアランス号大漂流』を選びました。

この本はノンフィクションで、実際の写真や地図が多く載せられているので、空想の物語よりもイメージがしやすいと考えたわけです。分量も160ページほどと、読書の面白さを感じ始めた今の奥村くんにとってはちょうどよい長さです。さらに、奥村くんのような理科や社会が好きな子どもに、ノンフィクションの読書をもっと楽しんで欲しいという願いもあったようです。

　教師は図書室からおすすめの本をどっさり教室に持ってきました。子どもたちは冬休みに読みたい本を選び、すでに手に取った本を読み始めているなか、教師は奥村くんを教室のパソコンスペースに呼んで、ピッタリの本を探してきたと紹介しました。奥村くんは、期待通りの本を見て嬉しそうにしていました。この時点で、教師はかなり手応えをつかみ、奥村くんの表情から本に興味をもったことが分かりました。

　パソコンの画面を奥村くんと一緒に見ながら、早速、ガイド読みを行うことにしました。まずは、この本の舞台の南極について説明を始めました。
「南極の写真を見てみよう。これは氷河。氷河は南極の周りに氷が浮いているというイメージかもしれないけれど、実際はもっとすごいらしいんだ。もうどこが南極大陸で、どこが氷河なのかが分からないぐらい、果てしなく氷河が続くんだ。だから最初は、エンデュアランス号は薄い氷を割って進めるのだけれど、大きな氷の塊に囲まれると船が動けなくなってしまう。エンデュアランス号がそうやって航海できなくなってしまうところから、シャクルトンの漂流は始まるんだ」

　このように、パソコンの画面で南極や氷河の写真を見せたり、地図で南極の位置を確かめたりしながら話を進めていきました。写真を見て、頭の中で具体的なイメージをもてたほうが、シャクルトンの一行がどれだけの苦労をしていたのかが想像できると思ったわけです。
「場所にもよるけれど、南極の夏は11月から2月で、気温は0℃くらい。だから氷も薄くなるし、活動もしやすくなる。でも、それはすぐに終わってしまうんだ。3月から10月は冬。気温はマイナス20℃ぐらいになる。けれど、それよりも大変なことは、冬はずっと太陽が出ないで暗いままの日が続くということなんだ。寒いうえに太陽の光がなくなる日が続くと、大変だよね。気持ちが沈んでくる。ネガティブ

になってしまうんだ」と説明したあと、教師は次のように言葉を続けています。
「それから、108ページの地図に付箋を貼っておくよ。これまでの道のりや、これからの道のりを確認したければ、このページを見れば読みやすくなるからね。分からない地名が出てきたら、このページで調べるといい。これからも、読むうえで使えそうな資料が出てきたら、ページに付箋を貼っておくといいよ」

　奥村くんと簡単な会話をしながら、教師は説明した内容を理解しているかどうかを確かめています。奥村くんも興味をもって聞いています。特に、太陽が出ない日が続く話にはとても驚いたようです。
　奥村くんの南極のイメージは、氷がプカプカと浮き、その上にペンギンが乗っているというものでした。しかし、氷河は船を簡単に壊してしまうほど大きく、まるで大地のように大きいものであることを知ると、この本の序盤を具体的なイメージをもって読み進めることができます。
　奥村くんは、教師の説明で早く本を読みたいという気持ちをもったようです。その時間の残りは、ほかの子どもたちと同じように、冬休みに読みたい本を読み始めることにしました。このガイド読みで、教師が教えた時間は10分程度でした。
　奥村くんがその後も集中して読み続けていることを、教師は遠くから観察しています。授業の最後に奥村くんの机まで行き、様子をうかがうと、最初の章を読み終えていたことが確認できました。

教師	どこか難しかったところはある？
奥村	いきなり冒険が始まったかと思ったら、すぐ終わっちゃったよ。
教師	そうそう、最初の章はこの本を読んだ人がすぐに面白いと思えるように、漂流の一番いいところが出てくるんだ。2章からシャクルトンの冒険がスタートするよ。
奥村	シャクルトンはどこの人なの？
教師	シャクルトンはアイルランド生まれ。イギリスの近くだよ。イギリスでは、仲間を一人も犠牲にしないで生還したので、英雄とされているんだ。シャクルトンのどんなところが英雄なのかを探しながら読むと面白いよ。読み

　　　　続けられそう？
奥村　読めそう。うちでも読んでみるよ。

　奥村くんと話をして、これからの読書において支障が出るような部分がないかを教師が確認をしています。そして、文中に出てくる言葉に多少の難しさがあるものの、読み進められそうだと判断しました。教師と読んでいる本について話せることが、読書を継続的に行っていくうえでよい動機づけになっているようです。本を通して人とつながることでモチベーションが維持され、学校でも家庭でも学習を継続的に行うことができます。冬休みの読書の「よいスタート」が切れるようにガイド読みを行ったのですが、結果的には読書習慣をつくるきっかけにもなりました。

　冬休みの前日、念のために教師は「どこまで読めたの？」と聞いています。「ついにエンデュアランス号が沈んでしまった」と言ったのを聞いて、順調に読めていることが分かったようです。

　このように、最初のガイドを行ったあとは、何回か様子を見るようにします。教師の行うガイドが読書の役に立っているのかどうか、または予想外のところでつまずいていないだろうかと、子どもの読みの様子をしばらく追うことが必要です。

　読みが苦手な子どもに限らず、多くの子どもたちは、内容を理解しているかどうかの確認や感想を交換するといった、教師からのフィードバックを受けながら読み進めることを楽しいと感じています。ガイド読みが始まってからしばらくは、定期的に声をかけて読んだ内容を確認すると、子どもたちも自信や意欲を保ち続けたまま読み進めることができます。

　冬休みが終わったあと、この教室ではペアによる「読書紹介大会」が開かれていました。「冬休みも本を読もう」というきっかけづくりになりますし、それと同時に、冬休みが明けて少し緊張気味の子どもに対話を促すこともできます。子どもたち全員が、ペアを交代しながら何度も本を紹介しあっています。奥村くんは、『エンデュアランス号大漂流』をペアの友達に紹介していました。ガイド読みが奥村くんの冬休みの読書の成果につながったことを改めて確認した教師も嬉しそうな表情をしていました。

高学年の子どもたちに対して、ガイド読みはどのような活用の仕方があるのでしょうか。まずは、読書の習慣が身についていなかったり、読書量が足りていなかったりする子どもたちに対して活用することが考えられます。そのほかには、ミニ・レッスンを補足して教える必要のある子どもたちを対象にしたガイド読みが考えられます。例えば、何人かの子どもたちが効果的な読み方[1]のどれかを習得する必要性があると判断した時は、そのためのガイド読みを行うこともできます。

4　ガイド読みの特徴

　低学年と高学年のガイド読みの事例を見てきました。ガイド読みは、幼い子どもが自転車のサドルを親に押さえてもらい、練習する風景にたとえられるでしょう。親はあらかじめ段差のない所を選び、大きな石などがあれば取り除いているはずです。熟知している練習場所で子どもがどのような問題にぶつかるのか、その時にどのような指導をすればよいのかを、親は注視しつつ教えていきます。

　このたとえからも分かるように、ガイド読みは教師がよく知っている本を使って教えるため、子どもたちを教えやすい環境に引き込むことができるという側面があります。また、通常は教師がガイド読みで教える子どもを決めますから、必然的に子どものことがある程度分かった時期から使うことになります。それだけ、対話の内容も充実したものになるのです。学年の最初から導入し、子どもたちが自ら選んだ本を読むなかで必要なことを教えていくカンファランスとは異なるアプローチの教え方と言えます。

　ガイド読みの特徴を考えると、「ガイド読みさえしていればよいのではない」ということがはっきりします。筆者らのグループでは、自分で本を選んで読むなかでのカンファランスを大切にしたうえでのガイド読みが有効であると考えています。ガイド読みを使うと、なかなか読み進められない子どもたちには力強い支援となり、その子どもたちの読み方を変える大きなチャンスともなるのです。

---

(1)　『リーディング・ワークショップ』の第8章と、その「効果的な読み」の教え方に特化した本の『「読む力」はこうしてつける』を参照してください。

第7章 友達同士で読む

　筆者らは、「本を読む」という行為を、「読むことを通した他者（自分自身も含む）との対話」と考えています。『リーディング・ワークショップ』に「読み書きは、極めて社会的な側面をもった活動」（25ページ）と書かれているように、本を紹介しあい、本について話し合うことを通して、これまで読んでいなかったジャンルの本を読むようになったり、お互いの考えを広げたり深めたりすることができるようになるからです。

　本章では、友達同士で本を紹介しあうことや本についての話し合いなど、交流を通して読む力を高めるための様々な方法を紹介していきます。

1　本の紹介

　読書家の時間が行われている教室では、子どもたちが頻繁に本を紹介しあっています。教師も、読み聞かせやミニ・レッスンを通してたくさんの本を紹介します。子どもたちは、教師による本の紹介を日常的に見たり聞いたりすることによって、本を知るだけでなく紹介の方法まで学んでいくのです。

　5年生の中原君は、『ビーバー族のしるし』がとても気に入ったため、1年間で3回もクラスのみんなに紹介しました。

みんなの前でこの本を紹介するのは、これで３回目だけど……（クラスのみんなは、「また、同じ本を紹介するの？」というちょっと驚いた反応です。それでも、どんな紹介があるのか楽しみにしている様子です）ぼくは、どうしてもこの本をみんなに読んで欲しいのです。本当におすすめです！　前にも紹介したように……（と、簡単に本の内容を説明しました）。
　実は最近、この『ビーバー族のしるし』とつながりのある本を見つけました。みんなも題名は聞いたことがあると思うけれど、『ロビンソン・クルーソー』という本です。
　（「あっ、知ってる！」という反応や声がチラホラ上がります）
　この本には先住民が出てくるのだけど、この本に出てくる先住民は、主人公にいつも従う家来みたいな感じなんです。でも、『ビーバー族のしるし』に出てくる先住民は違います。何でも自分たちでできるし、いろいろなことを知っているすごい人たちなんです。
　２冊の本は先住民が出てくる点ではつながるのに、全然違った書き方をしているので、比べて読むと楽しさも倍増です。ぜひ、両方を読み比べてみてください！

　中原君は、『ビーバー族のしるし』だけではなく『ロビンソン・クルーソー』を読んだことで２冊の間にあるつながりを見つけ、３回目の紹介ではこの点を強調して紹介していました。関連する２冊の本の紹介を子どもが行ったのは、このクラスでは初めてのことでした。中原君のこのような紹介を聞いたことで、このクラスでは何人もの子どもが『ビーバー族のしるし』に興味をもち、熱心に読むようになりました。
　子どもたち自身が面白い本を紹介しあうという取り組みは、そのクラスに独自の流行を生み出すことさえあります。それくらい、友達同士の紹介は効果が絶大ということです。

1 スピーチによる紹介

　上記のようなスピーチを通しての本の紹介は、話す側にとっては自分が面白いと思った本をみんなに広め、共有する機会となります。また、本の紹介を聞く子どもたちにとっては、面白そうな本との出合いを増やすことになります。

　スピーチのやり方ですが、最初はミニ・レッスンで扱ったり、教師が見本を示したりするなどして、メモやノートを活かして自分の考えを明確にする方法や、話すことをはっきりさせるために本を再読することなどを教えていきます。また、話す時に事実と感想や意見とを区別したり、あらすじを紹介したりする方法も、教師がモデルを示し続けることで、少しずつできるようになっていきます。

　低学年の子どもが本を紹介する場合は、紹介する内容の順序を考えることが大切になります。一方、高学年の場合は、紹介したい本をよく読み込み、なぜその本を紹介したいのかが相手にしっかり伝わるように話の構成を工夫したり、同じ作者が書いた別の本を読んでつながりを考えるほか、作者自身のことを調べて一緒に紹介したりするなどして、聞き手である子どもたちの「読みたい」という思いを引き出せるようにします。

　本を紹介する時の必須事項は、「題名」「作者」「あらすじ」「おすすめのポイント」などとなります。印象に残った言葉を紹介したり、どんな人におすすめなのかを伝えたりする子どももいます。同じ作者の本を続けて読んでいる子どもは、本の紹介だけでなく、その作者がほかにどんな作品を書いているかを紹介することもあります。また、本を紹介する時は、紹介したい本を見せることも大切です。実物があるかないかで、その本がほかの友達に読まれるかどうかが決まるといっても過言ではありません。

　回数を重ねることで発表が上手になり、聞いている子どもの「読みたい」という気持ちを高めることができるようになります。過去に読んだ本がほかの子どもから紹介された場合は、自分の考えと比べながら聞くことができますし、自分と似ていたり違ったりする多様な読み方に気付くことにもなります。

2 がんばりフォルダー

　廊下に面した掲示板には、Ａ４版の用紙が入る掲示用フォルダーが子どもたちの数だけ並べてある教室もあります。そのフォルダーには、子どもたちが今読んでいる本の表紙や、おすすめ本の表紙のコピーが入っています。教室の前の廊下を歩くだけで、このクラスで今話題になっている本が手に取るように分かる仕組みになっているのです。

　このフォルダーを「がんばりフォルダー」と名付けました。がんばりフォルダーを活用していくことで、子どもたちは授業の時間に限らず、自分の読んでいる本について情報を発信する機会をもつことになります。また、自らの読書ノートをコピーしてフォルダーに入れたり、自分のおすすめ本のリストをコピーして入れたりする子どももいます。

がんばりフォルダー

3 本の紹介文・紹介カード

　書いた紹介文をフォルダーに入れて互いに読みあう目的は、子どもたちが読みたいと思う本を増やしていくことです。スピーチで紹介する時と同様に、低学年の場合は紹介したいことの順序、高学年の場合は紹介したい本の特徴を深く理解し、そのよさが説明できるようにします。紹介文を書く時には、口頭での紹介と同様に「作者」と「本の題名」は必ず入れるようにしましょう。

　紹介文の要素としては、「あらすじ」「どこが面白かったか」「どんな人におすす

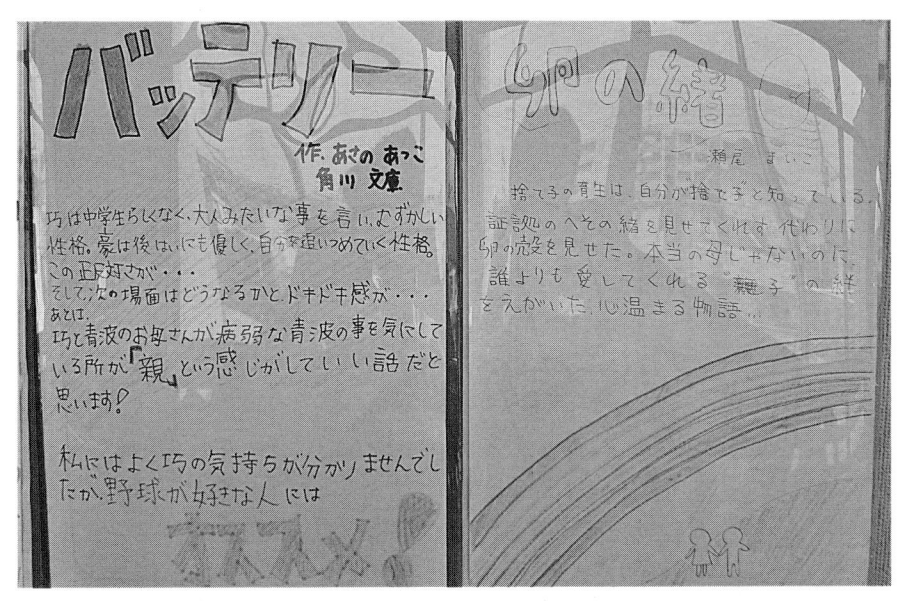

本の紹介文

めなのか」「気に入った場面」「登場人物について」「心に残った表現」「その本を一言で表すキャッチフレーズ」などがあります。教師が書いた手本や過去の子どもの書いた紹介文があると、イメージがつかみやすくなります。イラストが得意な子どもの場合は、本の内容をイラストつきで紹介してもよいでしょう。

　紹介文を書く時は、あらすじをどこまで紹介するかをよく考えて、その本を初めて読む人の楽しみを奪わないようにすることが大切です。ちなみに、子どもたちは読書感想文を書くことはあまり好きではありませんが、紹介文は大好きです。自分が好きな本を、みんなに読んでもらいたいからです。

　ほかにも、読者ポスター、ポップカード、本の帯づくりなどに取り組んでいますので、次ページに写真で紹介しておきます。本を推薦する言葉を書いたしおり作りや、次にその本を読む人の参考になるように感想を書いた付箋を貼ったりすることに取り組んだ教師もいます。

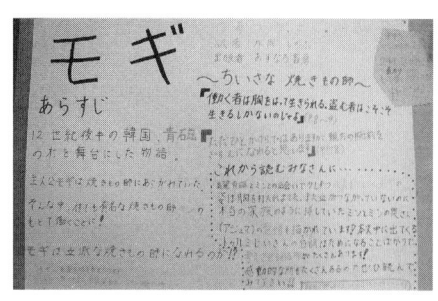

ポスター　　　　　　　　　　　本の帯

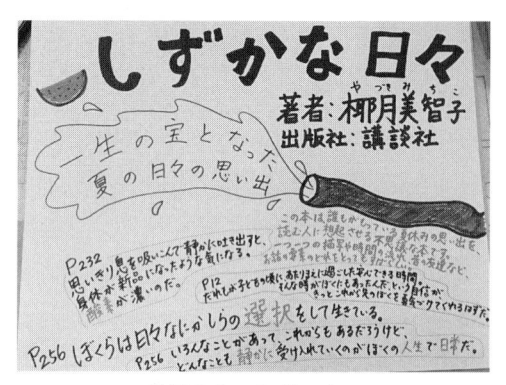

教師の作ったポスター

ポップカード風の紹介カード

2　本について話し合う

　読書家の時間では、「ひたすら読む時間」を中心に、自分にあう本を選んでたくさんの本を読んでいきます。一人でひたすら読む時間に最も多くの時間をかけるのですが、その時間のなかには友達と一緒に読むこと、つまり「ペア読書」や「ブッククラブ」も含まれます。ペアやグループで同じ本を読むことを通して、読んだ本の内容について友達と語り合い、多様な読み方に気付いたり、1冊の本を深く読ん

だりすることができるようになります。

「ペア読書」と「ブッククラブ」を経験すると、日常の読書において選書の幅が広がったり、同じ本を読んだ友達と語り合ったりする姿が継続して見られるようにもなります。さらに言えば、教師の解釈を一方的に押し付けられるような読解の授業から、子どもたち一人ひとりが文章と向きあい、自分自身で意味をつくり出していくという読みの授業への転換を可能にします。

1 ペア読書

　ペア読書とは、文字通りペアで本を読む方法です。1冊の本を真ん中において二人で読むこともあれば、同じ本をそれぞれが持って読むこともあります。読書家の時間では、ペアで同じ本を読んだり、同じ本を読み終わったあとに本について語り合ったりすることを「ペア読書」と呼んでいます。

　ペア読書を教える方法には、大きく分けて二つあります。一つは、子どもたちの間で自然に生まれたペア読書をクラス全体で取り上げ、ほかの子どもたちもできるようにするものです。もう一つは、教師がペア読書の導入時期と期間を設定して計画的に行うものです。

　前者の自然発生的なペア読書は、低学年の場合は一人読みの時間に生まれてくることがあります。絵本を真ん中に置いてペアで読む姿を見かけるようになった時、ある教師は次のように全体に紹介しました。

「西田さんと山中さんが、とても楽しそうに二人で読んでいました。本を真ん中に置いて、1ページずつ声を出して順番に読んでいたのです。ペアで楽しく読めるから『ペア読書』と呼びましょう。読んだことがある本も、二人で読むと新しいことが見つかるかもしれません。読みながら不思議に思ったり、よく分からないところが出てきたりしたら、小さい声で話してみましょう。本についてもっとよく分かるようになります」

　子どもたちが自然に行っている行為を価値のあるものとして教師が取り上げることで、子どもたちの日常の読書生活に活かされるようになります。自然発生したペ

ペア読書

ア読書は、楽しいと感じる子どもがいる反面、そればかりを行ってしまうと読めない子どもが読める子どもに頼りきってしまい、一人で1冊の本をしっかり読めないという状況が生まれるという心配もあります。子どもたちの実態を見ながら、「一人読みの20分間は一人で読む」、「20分がすぎたら、小さい声でペア読書を行ってもよい」などのルールを決めるとよいでしょう。

　計画的なペア読書は、導入時期を考えて教師が本を準備することが多いです。ペアのそれぞれが本を持つようにします。クラスが30人だとすれば、教師は15種類の本を2冊ずつ用意しなければなりません。クラスの実態を考えて、普段から5〜10種類の本を複数冊用意したり、少しずつ本を集めて教室の図書コーナーに置いておくようにするか、近隣の図書館の団体貸出を利用するなどして準備をしておきます（35ページ参照）。

　ペア読書を行う時は、まずは二人で読む活動であることを教えます。最初は、ペアを固定せずに、席が近い人と本について気楽に話せる雰囲気をつくりながら、少しずつ自分や相手のことを知りあえるようにします。様々な相手とペアを組み替えることで、いろいろな友達の読み方を知ることができるようになります。

　1年生にペア読書を教えたいと考えた教師は、次のようなミニ・レッスンを行いました。

今日から、絵本を二人で読んでみましょう。二人で読むことを「ペア読書」と言います。二人で1冊の絵本を選んで、ペア読書のスタートです。
　読む時は、順番を決めて指でなぞりながら読みましょう。二人で小さい声を出しながら読んでね。あんまり大きい声で読んでしまうとほかのペアがびっくりしてしまうから、気を付けて。
　1ページずつ交代しながらやってごらん。読んでいて分からないことは二人で考えることもできるし、面白いなあってところは、「どれどれ？」と教えあうおしゃべりをしてもいいよ。一人で読んでいる時と同じように、絵もゆっくり見るんだよ。
　読み終わったら、どこが好きだったかとか、面白かったとか、ピッタンコ、ガッタンコ探し[★1]をしてみてね。その時は、二人でページをめくろうね。

　ペア読書は、低学年の子どもたちにとっては自然で楽しい活動の一つです。すぐに、「楽しい！」とか「絵をよく見たら面白いこと見つけたんだよ」とか「同じ場面が好きだった！」などといった会話が日常的に聞こえてくるようになります。
　1冊の本を二人の間に置いて音読する読み方に慣れてきたら、「今度は1ページずつ交代でやってみようね。小声の読み聞かせになるね。聞いている番の時は指で文字をなぞってみてね」と、少し難易度を上げていきましょう。『リーディング・ワークショップ』（74～75ページ）にもパートナーと読むことが紹介されていますが、この教室では以下のようなペア読書をしています。
・二人で本選び
・1冊の本を二人の間に置いて音読
・二人で交代読み（1文ずつではなく、最低でも1ページずつ）
・お気に入りや好きな場面についてのおしゃべり
・絵をよく見て、絵についてのおしゃべり（絵を読むことを教える）
・「ピッタンコ・ガッタンコ」のおしゃべり

---

(1)「ピッタンコ・ガッタンコ」とは、このクラスで使用している言葉です。友達と同じことを思ったり、考えたりした時は「ピッタンコ」、違うことを考えていた時は「ガッタンコ」という使い方をしています。

・二人であらすじリレー
・二人で交代に読んだ本の「お話クイズ」の出しあいっこ[★2]
・「どう思う？」「なるほど」「いいね」など、共感の言葉を使ってのおしゃべり
・目次を見ながら、読む範囲を決める

　今紹介した事例や方法は、中学年以上でもアレンジすればできるものばかりです。読書家の時間の土台は一人で読むことなのですが、誰かと話し合うことが読むエネルギーになったり、読みに広がりができたりするのでぜひ試してみてください。
　ペア読書のカンファランスでは、読む力とともに、どのようなことを話しているのか、「ここいいね。○○くんはどう思う？」など、自分だけが話すのではなく相手に投げかけることができているのかを注意深く観察するようにします。そのほかにも、読んだ内容に関して具体的に話ができているか、２人の読むペースはあっているかなども見ていきましょう。
　教師がカンファランスの視点をいくつかもつことによって、子どもたちの様子を多面的にとらえることができます。クラスには様々な子どもがいます。読むのが得意でも話すことがあまり得意でない子ども、読むのがたどたどしくても話すことで理解を深める力をもっている子どもなど、教師がしっかりと観察し、一人ひとりの読む力を把握することで、次に紹介する「読書パートナー」や「ブッククラブ」に活かすことができます。

2　読書パートナー

　ペア読書を行い、ペアでのやり取りにある程度慣れてきたら、読書パートナーをつくりましょう。読書パートナーは、本のある生活を送るにあたって互いにサポートしあうための、長期にわたるパートナーのことです。読む力がほぼ同じくらいの人とパートナーを組むことで、本についての情報交換や、同じ本を読んだ時の解釈の違いなどを共有することができます。
　読書パートナーと互いに読み進めている本のあらすじを話したり、疑問に思うことを話し合ったりするという経験を積み重ねていくことで、互いに読む力を高めあ

うことができるようになります。２年生を教える教師は、子どもたちに次のように投げかけて読書パートナーをつくりました。

> 　今までは席の隣の人やグループが同じ人など、いろいろな人とペア読書をしてどんどん力をつけてきましたが、もっと読む力をつけていくために、今日からしばらくの間、同じ人とペアを組んで読むことにしましょう。
> 　今までとはちょっと違うのは、これから一緒に本を読んでいく友達は特別な人だということです。「読書パートナー」と言います。読書パートナーとは、読む速さとか好きなジャンルなど本を読むことに関して似ている人が組んで、お互いに成長できるような特別な相手のことです。

　このような投げかけのあと、一人ひとりが自分自身の読む力についてどう思うか（読むのが得意、ちょっと得意、ちょっと苦手、苦手）、どんなジャンルの本をよく読むか、どんな話の内容が好きか、読んだことについて書くことはどうか、読んで話をすることはどうか、ということについてノートに書いてもらいます。それをもとにして読書パートナーづくりを進めます。

　教師がすべてを決めることもありますが、読む力についてのアンケートをとって、似たような回答を寄せた子ども同士を集め、教師とともにパートナーを決めることもあります。

　読書パートナーがつくられると、共有の時間の振り返りをこのパートナーと行ったり、選書のアドバイスをしあったり、考え聞かせを試しあったり、ミニ・レッスン中にこのパートナーと話し合ったりすることができます。お互いに特別な存在になれるように、教師は話し合いを注意深く観察していきます。そして、そこで得た情報をもとに、ミニ・レッスンで行うべきことやカンファランスの計画を立てていきます。

　読書パートナーは、どの学年においても行う価値があります。読書家の時間はも

---

(2) 発展としては、ペア同士を合体させて、本の内容についてのクイズを出しあうこともできます。その場合は、二人でクイズを考えることを通して、本の内容について確認することになります。

ちろん、読書生活全般にわたってお互いのことを知りあい、高めあっていくことができるからです。各教室の実態にあわせて、パートナーや期間を決めて取り組んでみてください。

3　ブッククラブ

　ブッククラブとは、１グループ３〜５人くらいのメンバーが同じ本を読んで語り合うという読書の方法です。各自の読みを互いに共有することで、自分とは異なる視点に気付いたり、十分に読めていなかったところがよく分かるようになったり、作品についてより深く考えながら読んだりすることができるようになります（詳しくは、『読書がさらに楽しくなるブッククラブ』パート１の第１章と『リーディング・ワークショップ』第13章を参照してください）。

　ブッククラブは、低学年から高学年まで、各学年の子どもの実態に応じて実施することができます。低学年でも、以下に紹介するように、１年生が『エルマーのぼうけん』をクラス全員で読んでブッククラブを行った例もあります。

　筆者らは、読書家の時間が軌道に乗ってきて、子どもたちがお互いに読んだ本を紹介しあうことができたり、読み聞かせた本についての話し合いやペア読書での対話が上手にできるようになった頃を見計らってブッククラブを導入しています。★3

　ブッククラブを初めて導入する時は、まず話し合いが深まりそうな本を教師が準備することから始めます。ペア読書の時と同様に、ここでも教師がどんな本を準備するのかということが大切になります。同じ本をブッククラブの人数分（３〜５冊）揃えることが難しい場合は、学校の図書購入予算にブッククラブ用の本を組み込んでもらうようにお願いしたり、公共図書館の団体貸出サービスを利用したりするとよいでしょう（35ページ参照）。

　ブッククラブは、通常は長くても２週間で１冊の本が読めるように計画を立てますが、初めて行う時や本について話し合うことに慣れないうちは、すぐに読める絵本や詩を使って短時間で行うことがおすすめです。ブッククラブに適した本は次のような本です。

　　・読みながら疑問や質問がたくさん浮かぶ本

ブッククラブでの話し合いの様子

・自分やほかの本とのつながりが見つけやすい本
・登場人物や作品の主題についての話し合いが深まりそうな本
・行間を読むことが必要な本
・多様な解釈ができる本

　これまでにブッククラブを実施してきた経験から、一つのグループは３～５人が望ましいです。６人以上になってしまうと、なかなか話せないまま話し合いの時間が終わってしまう子どもが出てしまうからです。クラスの実態にあわせて人数は決めてください。
　低学年の場合、ブッククラブの計画づくりは教師がリードしていくことが多いですが、高学年になると、計画を立てたり、目標を設定したりすることのほとんどすべてを子どもたちに任せて行います。学年の実態にあわせてブッククラブに取り組んでいけば、教師ではなく子どもたち自身が読む本を選び、読むペースを決めて話し合いを運営していくことができるようになります。

---

(3)　『リーディング・ワークショップ』の219～223ページには、ブッククラブを導入する時期を見極める必要があることや、導入のための準備が詳しく説明されています。

表7−1　1年生と6年生のブッククラブの計画例

	1年生の計画	6年生の計画
1時間目	**ブッククラブの計画を立てる** ・ブッククラブの簡単な説明。 ・計画。 ・目標づくりと共有。 ・一人読みのスタート。	**読んでみたい本を選ぶ** ・教師が用意しておいた本についての簡単な紹介をする。 ・本をゆっくり選ぶ。 ・読んでみたい本の希望順を書く。 （資料5−1・219ページ）
2時間目	話し合い1回目 ミニ・レッスン「上手に話し合うための三つのポイント」 ・たくさん話そう／よく聞こう／楽しく読もう	**ブッククラブの計画を立てる** ・ブッククラブのグループを発表する。 ミニ・レッスン「ブッククラブの進め方や計画の立て方、目標の立て方」（資料5−2・220〜221ページ）
3時間目	話し合い2回目 ミニ・レッスン「よい話し合いとは」 ・「よい話し合い」の条件をみんなで出しあい、目標とする姿を模造紙に書き出す。	話し合い1回目 ミニ・レッスン「よい話し合いとは」 ・「よい話し合い」の条件をみんなで出し合う。 （資料5−3・222ページ） ・振り返りの仕方を説明する。 （資料5−4・223〜224ページ）
4時間目	話し合い3回目 ミニ・レッスン「前回の振り返りを生かしてもっと上手に話し合おう」 ・「なぜかな」（質問）「ぴったんこ」（同じ考え）のところを見つける。 ・話し合うときは同じページを一緒に見るようにする。	話し合い2回目 ミニ・レッスン「話し合うことで新たな意味をつくり出す」
5時間目	話し合い4回目 ミニ・レッスン「金魚鉢で友達の話し方・聞き方を学ぼう」	話し合い3回目 ミニ・レッスン「行間を読む」

6時間目	話し合い5回目 ミニ・レッスン「なぜかな」「ぴったんこ」の付箋を一つか二つ選んで長く話してみよう」	話し合い4回目 ミニ・レッスン「みんなで考えた質問をさらに深める」
7時間目	ブッククラブ全体を通しての振り返り	ブッククラブ全体を通しての振り返り ・本全体を振り返って話し合う。 ・作品を紹介するポスターを作る。

　ブッククラブは、「読む本を選ぶ」「グループを決める」「計画を立てる」「実際に本を読む」「話し合う」「振り返る」などを行いながら進めていきます。**表7－1**に、1年生と6年生で実際に行った例を整理しましたので、参考にしてください。

　以下では、6年生のブッククラブをより詳しく見ていくことにします。1年生のブッククラブについては、『読書がさらに楽しくなるブッククラブ』の160～171ページで詳しく紹介されているので、そちらを参照してください。

吉田新一郎、新評論、2013年

1時間目——読みたい本を選ぶ

　最初の時間は、教師による本の紹介のあとで、読みたい本を各自が選ぶ時間としました。子どもたちの希望をもとに、教師はブッククラブのメンバーを決定します。教師は『モギ——ちいさな焼き物師』という本の表紙を見せながら、次のように1冊30秒程度でブッククラブの候補になる本を紹介しました。

> 　舞台は12世紀後半の韓国。名焼き物師に弟子入りする少年の物語。少年の名前はモギ。みんなと同じくらいの年だけど、モギには両親がいません。この物語のすてきなところは、登場人物の生き方や考え方がとてもよく描かれているところです。

去年、この本を読んだ人たちから、「モギの強い気持ちと行動力もすごいです」「ぼくはこの本がとても好きになりました」といった感想が出されました。大切にしたい言葉もたくさん出てきます。

5〜6分間くらいで候補の本をすべて紹介したあと、子どもたちが実際に本を手にとって自分が読みたい本を選ぶ時間にしました。その時、選書のためのシートを用意しました（219ページの**資料5−1**を参照）。紹介した10冊の本を実際に手にとって、最初の数ページを読んだり、本全体を眺めて面白そうな本を探したりできるようにするために、本を選ぶ時間を20分から25分間とり、その後、各自がこのシートに希望の順番、本を選んだ理由などを書き入れました。

教師は、シートをもとにブッククラブのメンバーを決定することにしました。そして、次の時間に決定したメンバーで読みの計画を立てることを確認しました。

2時間目——ブッククラブの進め方や計画の立て方、目標の立て方

最初に、ブッククラブのグループを発表しました。グループの一覧を黒板に提示し、次にブッククラブの日程や計画の立て方・進め方についてのミニ・レッスンを行いました。子どもたちはグループのメンバーで集まり、目次を見たり、章立てを確認したりしながら、これからの2週間で本を読み、話し合っていくための計画（220〜221ページの**資料5−2**を参照）を記入しました。早く終わったグループは、早速、1回目の話し合いに向けて本を読み進めていきました。

3時間目——よい話し合いとは

ミニ・レッスンで、「よい話し合い」のイメージを全体で出しあい、模造紙にまとめていつでも確認できるようにしました。222ページの**資料5−3**のような話し合いのポイントをノートに貼って、いつでも確認できるようにしました。また、毎時間の振り返りに223〜224ページの**資料5−4**のようなチェックシート（『読書がさらに楽しくなるブッククラブ』の224〜225ページを参考に作成）を使うことで、自分の読み方や学び方を子どもたちが自ら評価できるようになります。

そして、4〜6時間目は、各グループが立てた計画に基づいて、主体的に本を読

み、話し合いを進めることを伝えます。うまく話し合いが進まず、問題を抱えるグループもありますが、教師がカンファランスを行うことによって深めたい話題を選んだり、一つの話題について長く話し合ったりできるようにしていきます。

4時間目――話し合うことで新たな意味をつくり出す

　4時間目は、絵本『かいじゅうたちのいるところ』の考え聞かせを通して、文章を読んで自分なりの意味をつくり出す読み方を示しました。マックスの寝室にニョキリニョキリと木が生える場面で、「マックスの部屋だけは時間の流れが外部とは違っているのではないだろうか……」と投げかけ、子どもたちに問いかけながら教師がこの本をどのように読んでいるのかを子どもたちに本文とともに語って聞かせました。

　このように絵本は短時間で扱えるので、高学年でもミニ・レッスンのテーマにあわせて使うことがよくあります。

5時間目――行間を読む

　絵本『かいじゅうたちのいるところ』の最後の場面を例にして、「行間を読む」という読み方を教えることにしました。
「晩御飯がまだほかほかとあたたかかったこと」が意味しているのは、かいじゅうたちの世界と人間の世界の時間の流れの違いであることや、かいじゅうたちの世界の1年が、マックスの世界ではほんの一瞬であることなど、行間に書かれていることについては想像力を広げながら読んでいくことなどを教えました。

6時間目――みんなで考えた質問についてさらに深める

　この時間のミニ・レッスンは、以前に読み聞かせをしたことがある絵本『名前のない人』を使いました。みんなで話し合ってみたい「深い質問」を考えることを、絵本を見せながら確認したわけです。以前、この絵本を読み聞かせた時に出てきた深い質問は、「名前のない人は一体何者なのだろう」でした。

　何を根拠に正体を考えればよいかを、クラス全体で考えました。このクラスにおいてはお馴染みの絵本なので、自分の考えの根拠となる部分を思い出しながら、深

い質問を考えるやり取りができました。
　ミニ・レッスンのあとは、各グループに分かれての話し合いです。話し合いは4回目になるので、毎回の振り返りを活かして話し合いそのものが改善され、どのグループも時間いっぱいまで途切れることなく話し合っていました。
　『ギヴァー』を読んでいるグループが、最後の場面について話し合っていました。

弘樹　ジョナスとゲイブは、最後に力尽きてしまったんじゃないかな。そんな気がして、悲しいラストだと思った。「だが、それは、ただのこだまだったのかもしれない」とあるから、疲れと餓えで意識がもうろうとしたなかで、最後の最後に幸せを感じたんじゃないかな。

智宏　なるほど、そういう考えもあるんだ。全然違うことを考えていたよ。

弘樹　え、どんなこと？

智宏　ハッピーエンドってこと。ジョナスは、最後の最後まで希望を捨てなかったんだよ。247ページの2行目のところに、「だが、ここまで来てしまったのだ。何とかして前へ進まなければならない」と書いてあるから、自分もゲイブも絶対に生き延びようと思っていると思う。248ページの5行目を読むと、「無力感もあきらめの気持ちも吹き飛んでいた。ジョナスは生きる意志をとりもどしていた」とも書いてあるし。

春奈　私も同じところを読んで、ジョナスは最後まで歩き続けてよそにたどり着いたのだと思った。途中で投げだしそうになるけど、「あきらめた」とはどこにも書いてないよ。それに、一人だったら楽なほうに逃げてしまうかもしれないけど、赤ちゃんのゲイブを守りたいっていう思いが強かったから、最後までがんばれたんだと思う。247ページの最後のところに、「いまやぼくが愛することのできるただ一人の人間と分かち合いたい」って書いてあるでしょ。コミュニティを出た時点で、両親やリリー（妹）、友達のアッシャーやフィオーナとはお別れになっちゃうし、そもそもコミュニティの人たちは「愛」なんて知らないわけだから。本当に大切なもののために生きたいという思いも強かったのだと思う。

智宏　そうそう。「進み続ける以外になかった」と書いてあるし、それ以外のこ

| 翔太 | とはまったく考えられないくらい強い気持ちになったんだと思うよ。
あと、ジョナスが急に幸福を感じ始める瞬間があるよね。吹雪の向こうに、ぬくもりと光があることが分かる場面も。そのあたりは単なるジョナスの思い込みじゃなくて、「間違いない」という確信みたいなものがあると思う。最後の2ページなんだけど、ジョナスは意識を失いつつも、もうすぐ目的地に着くということが分かっていて、それまでに感じていたような絶望的な気持ちが一切なくなっている気がする。|
|---|---|
| 春奈 | うんうん。あと、251ページの7行目かな。「突然、ジョナスははっきりと、歓びとともに悟る」って書いてあって、そのすぐあとに、ジョナスが初めて音楽を聴くよね。これは、もう安心できる場所にジョナスとゲイブがたどり着いたってことを意味するんじゃないかな。|
| 智宏 | 「今では彼には分かっている。それは部屋の窓から見えるともしびだ」っていうところもきっとそうだね。|
| 弘樹 | みんなすごいな。全然そこまで考えて読んでなかった……最後の一行だけで、ジョナスをゲイブは助からなかったんじゃないかと思ったけど、何だか違う気がしてきた。|
| 教師 | このグループの話し合い、深いなあ。実は、先生も1回目に読んだ時と、何度か読んだ時では、最後の場面の解釈が変わったんだよ。何でそう考えたのか、自分の考えの根拠となる文をしっかり読むことって大切だね。最後の場面の話し合い、とてもよかったです。一つおまけの情報を言うと、この『ギヴァー』には続編があります。|
| 全員 | えーっ!? 早く読みたい!![4] |

　毎回、共有の時間に振り返りを行っています。振り返りの方法にはいくつかのバリエーションがありますが、このクラスでは、①読書ノートに書く、②書いたものを共有する、という方法で行っています。共有の時間での振り返りは、どの学年で

---

(4) 英語では、『ギヴァー』の続編としてこれまでに3作が出版されています。2作目は、『ギャザリング・ブルー——青を蒐める者』（ロイス・ローリー／島津やよい訳、新評論、2013年）として邦訳が出版されています。

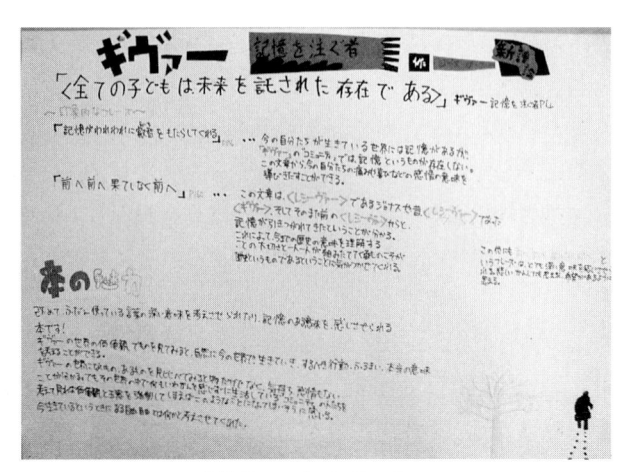

『ギヴァー』のポスター

ブッククラブを行う時にも欠かせません。子どもたちの実態に応じて、どのように行うかを選択するようにします（詳しくは、第5章「共有の時間」を参照）。

　また、ブッククラブの最後の時間には、本全体について話し合ったあとに、ブッククラブという学び方を通して身についたことを書きました。その後、各グループで読んだ本をクラスの友達に紹介するポスターを作っています。グループで作ったものを廊下に掲示してお互いが読めるようにすることで、ほかのグループが読んだ本への関心も高まり、ブッククラブ終了後も進んで読むことが可能となります。

　ブッククラブは年に2～3回行っています。筆者らの実践から、フィクションとノンフィクションの両方で行うことが望ましいと言えます。子どもたちが読んでいる本の多くがフィクションです。ブッククラブでノンフィクションの本を読む機会をつくることで、ノンフィクションの面白さに気付く子どもが現れます。そして、その子どもがノンフィクションをクラスで紹介するようになると、クラスのほかの子どもたちも、少しずついつもとは違うジャンルの本にも興味をもつようになっていきます。

　ブッククラブを体験すると、子どもたちは、本は一人で読むだけのものにとどまらず、仲間と楽しさを共有しながら読むことができるものなのだと実感でき、クラ

ス全体の読書生活に勢いが生まれます。また、ブッククラブが終わっても、友達と同じ本を読んで語り合う姿や、読書ノートに自分の考えをしっかりと書き残そうとするような姿が多く見られるようになります。

　ブッククラブでは、互いに聞きあう関係をとても大切にします。互いの考えを出しあうなかで、共通点や相違点を考え、出された意見を整理し、最終的には読むことを通してともに新たな意味をつくりだしていくことになります。★5

4　大人のブッククラブのすすめ

　ブッククラブを実施してみたいと思う読者のみなさんに、おすすめしたいことがあります。それは、自分自身がブッククラブを体験してみることです。『リーディング・ワークショップ』（150～152ページ）や『読書がさらに楽しくなるブッククラブ』の「パート2」に、教師や大人たちがブッククラブを体験することで多くのことが学べるということが詳細に記されています。筆者らのメンバーも、年に数回「大人のブッククラブ」を開催しています。

「大人のブッククラブ」の流れも、教室で子どもたちが行うブッククラブとほぼ同じです。その理由は、筆者らは極力、実際の読書生活で行っていることを、子どもたちに教えていきたいと考えているからです。

　話し合いの前に各自が課題の本をしっかり読み込んで、気になるページに付箋を貼ったり、読書ノートに自分の考えを書いたりして参加します。実際に話し合いが充実したものになるか否かは、話し合いの日までにしっかりと本を読み込み、自分の考えをはっきりさせるといった事前の準備がちゃんとできているかどうかにかかっています。これも、子どもの場合と同じです。

　話し合いにおいて、自分と似たような意見が出ることもあれば、まったく別の視点からの意見が出ることもあります。そのため、テーマを絞って、みんなで話し合いを深めていくこともあります。進め方は、選んだ本や集まったメンバーで変わります。常により良い方法を考えて、試していくという柔軟性が大切です。

---

(5)　ブッククラブをすることで得られる多様な効果については、『読書がさらに楽しくなるブッククラブ』の74～95ページに詳しく書かれています。

また、参加者一人ひとりの振り返りを生かして運営方法を改善することもあります。実際の授業でも、「この方法でなければならない」ということはありません。各教室における子どもたちの実態をよく把握し、一番適した方法を選択していけばよいのです。

　子どもたちが行うことを教師が実際に体験してみることで、ブッククラブのなかで子どもたちに教える時のミニ・レッスンやカンファランスのアイディアが生まれることもあります。短時間でブッククラブの楽しさを体験するために、短い詩や絵本を使うことも「おすすめ」です。

　参考までに、これまでに筆者らが教室で行ったブッククラブで、話し合いが深まった作品を巻末の「ブッククラブで話し合いが深まった作品」リスト（244～245ページ）の中で紹介しておきます。これらの本は、大人が読んでも面白いですし、充実した話し合いができることをお約束します。

コラム⑤ 子どもの変容
──ブッククラブを通して読み手として成長した理香さん（6年生）

　6年生で行ったブッククラブで、理香さんは『モモ』を選びました。普段、彼女の読んでいる本を考えると、私は『モモ』を読み通すのは難しいかもしれないと思っていました。彼女自身も普段では選ばない難しい本だと分かっていましたが、グループの仲間と助けあいながら読めることもあって、難しい本に挑戦するつもりで選んでいました。

　1回目、2回目の話し合いには、グループで立てた計画の範囲をなんとかがんばって読んでいたのですが、3回目以降、だんだん読むペースが追いつかなくなっていました。

理香　先生、今回は話し合う予定のところまで読めませんでした。
教師　そうか。『モモ』は少し難しい？
理香　はい。読むのに時間がかかってすごく大変です。
教師　先生も6年生の時に初めて『モモ』を読んだけど、すごく時間がかかったことを覚えているよ。ミヒャエル・エンデの本は、たくさんイメージしながら読まないといけないから大変だよね。でも、読み進めていくうちに物語の世界を楽しめるようになるからがんばって読んでみよう。内容がイメージしにくいと思ったら、挿絵を眺めてみるのもいいよ。それと、予定した範囲が終わらなくても自分のペースでいいからね。話し合いの時に、友達の話をよく聞けばあらすじがつかめるから、その後で一人で読んでみるといいよ。

　私は、理香さんのグループのメンバーに次のように声をかけました。

教師　理香さんは今回、自分にとってはすごく難しい本にチャレンジしています。だんだん読むペースが追いつかなくなってきていて、今困っているんだ。そこで、みんなにお願いがあるのだけど、毎回の話し合いの時にいきなり深めたい話題にいかないで、まずは読んできた範囲がどんな内容だったかを思い出して一人ずつ話して欲しいんだ。「あらすじリレー」のような感じでね。みんなの話を聞けば理香さんは、予定した範囲を読むことができなくても、

何が書いてあったかが分かるようになるから、そのあと、間にあわなかった範囲を読めば、いつもよりスラスラ読めるようになると思うんだ。

　結局、理香さんは、ブッククラブでの最後の話し合いの日までに読み終えることができませんでした。しかし、ブッククラブのメンバーで話し合う時にみんなで登場人物や話の内容を整理したことが、彼女にとって大きな助けとなりました。ブッククラブが終ったあとも、彼女は自分のペースで『モモ』を読み続けました。
　ブッククラブが終わってから何日か経って、理香さんが私に「モモを読み終わりました」と教えてくれました。私は理香さんの言葉を聞いて、自分のことのように嬉しくなりました。さらに、私を喜ばせたことがありました。『モモ』を読み終えた理香さんが、すぐに次の本を読み始めていたのです。

理香　先生、この本がテレビで紹介されていたので、お母さんに頼んで買ってもらいました。すごく面白いです！
教師　『二分間の冒険』だね。岡田淳さんの本は、先生はまだ読んだことがないんだ。読み終わったら、どんなお話だったか教えてね。
　　　　（その後、私は、理香さんの紹介をきっかけに岡田淳の本を夢中で読むことになりました）

　もう一つ、嬉しいことがありました。それは、クラスの懇談会で理香さんのお母さんが、「今までの様子からは考えられないような分厚い本を読めるようになりました」と嬉しそうに報告してくれたことです。
　理香さんは『モモ』のブッククラブを通して、グループのメンバーから多くを学ぶことができました。話し合いの時、発言は多くはなかったものの、よく分からないことを質問したり、友達の話を最後まで頷きながら聞いたりしていました。話し合いのなかで、自分よりも読むことが上手な友達の話を聞くことで、あらすじをつかみ、内容を深く理解し、自分にとって難しい本を読み通すために必要な情報を得ることができたのです。

第8章　評　価

　教師の多くが、「評価」と聞くと「成績をつけるための評価」を思い浮かべてしまいます。読書家の時間では、「教師の教え方と子どもたちの学び方を改善するための評価」がとても大切にされています。本章では、『リーディング・ワークショップ』の第7章「評価を授業に組み込む」（114〜124ページ）を土台にして、読書家の時間の評価の実際の場面を紹介しながら、その極めて効果的な方法を説明していきます。

1　評価観を変える

　筆者らのなかにも、読書家の時間に出合うまで、子どもの成績をつけるために評価はあると考えていた教師がいます。「それ以外の評価があるなんて考えてもいませんでした」と、この教師は言っています。ただ、児童名簿に「ＡＢＣ」の文字を並べていたわけです。
「教科書に掲載されている教材文を計画通りに読み、最後に自分の考えを書くようにさせていた」とも言っています。その考えが、指導書の書いてあることに近いことを書いていれば「Ａ」とし、指導書と大きく違うことを書いている子は「Ｃ」としていたようです。言うまでもなく、テストで90点以上取った子どもは「Ａ」、50点以下の子どもは「Ｃ」とし、それで評価を終えていたわけです。

指導書の計画通りに進め、それに十分ついてきた子どもはよい評価をもらって喜んでいたことでしょう。逆に、指導書とは違う考えをもっていた子どもはあまりよい評価を得らえず、学期末の振り返りには「国語は得意ではないです」と書いたことでしょう。評価は子どものためにあるとは考えず、ただ自分の仕事をこなすためにやっていたのです。

しかし、この教師も読書家の時間と出合ってから、評価の意味や目的についての考えが変わりました。「学期末の成績をつけるためのもの」だった評価が、「教師が一人ひとりの子どもにあった教え方をしていくためのもの」「子どもが今の自分の学習をもっとよくしていくためのもの」「教師が自分の教え方を改善するためのもの」へと変わったのです。

評価への考え方が変わるにつれ、子どもたちの姿もみるみる変わっていったと言います。以前は、評価するために子どもたちの活動は制限され、子どもたちは決められたことを決められたままに行うのみでした。それが読書家の時間を楽しみに待つ子どもばかりになり、教師が指示をしなくても自分からどんどん学習を進めていくようになったのです。

あまりにも家で本を読むようになったため、「うちの子は一体どうしたのですか？」と保護者が問いあわせてくるほどです。「ペア読書をもっとやりたい」「遠足に本を持っていきたい」と頼みに来る子どもが出てきたほか、給食の時間にも本の話をするようになったと言います。

このように、子どもたちを大きく変えた評価の実際を以下で見ていきましょう。

2　対話での評価が有効な横田くん

子どもが一人で本を読んでいる時や本について話し合っている時に、カンファランス・ノートにメモを取ります。カンファランス・ノートとは、子どもの様子や教師の考えたことのほか、どのようなカンファランスを行ったかについて記録をしておくノートのことです。

ページ1枚につき、一人の子どものメモが取れるようになっています。メモをし

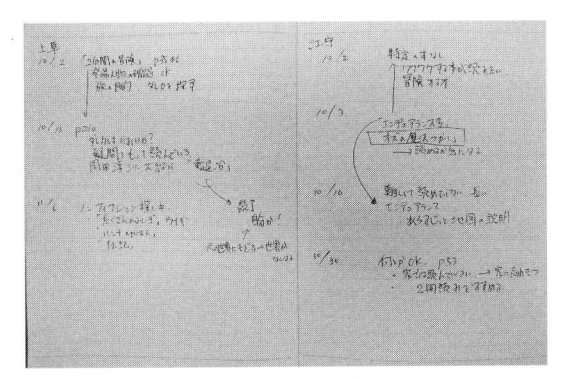

カンファランス・ノート

た日の日付、そして子どもの様子、さらにその子どもにどのような助言をしたらよいかなど、これからの指導の作戦を考えながら書きます。このように、子ども一人ひとりの実態を細かく把握することが評価の第一歩であり、それによって指導との一体化を実現させるのです。

　２年生の元気な男の子、横田くんがいます。読書家の時間において、横田くんは本に夢中になることができず、気がそれることが多い子どもです。そこで、カンファランスの前にカンファランス・ノートから横田くんの様子を確認し、これからの指導方法について考えてみることにしました。

　――横田くんは、先週から『幽霊屋敷レストラン』をずっと読み続けている。じっくり読む子どもなのだろうか。それとも、読むことに何かつまずいていることがあるからだろうか。横田くんには、もっとたくさんの本を読めるようになってほしい。メモによると、横田くんの目標は「１週間に１冊の本を読めるようになりたい」だった。それを実現させてあげるためには、どんな方法があるのか……。

　そして、横田くんにカンファランスをしてみました。このカンファランスで、横田くんは学校の読書家の時間にしか読書をしていないと教えてくれました。どうやら、『幽霊屋敷レストラン』を開いて、読んだふりをしているだけのようです。内容も、読めているのかどうかも分かりません。それでも、自分の立てた目標に向けて、１週間に１冊の本を読みたいと願っていることが分かりました。

　そこで教師は、横田くんの好きな恐竜の話が入っている『恐竜の谷の大冒険』（『マ

ジック・ツリーハウス』シリーズ第1巻)をすすめました。そして1週間後に、「読んだところまででいいから、先生と思ったことについて話し合おう」と約束をしました。さらに、家でも1日10分、本を開く時間をつくるという約束もしてくれました。横田くんと教師との、二人だけの約束です。そして、カンファランス・ノートには次のようにメモをしました。

・怪談レストラン　→　マジック・ツリーハウス
・内容を読み取れているかを確認
・○月○日に、次の話し合い
・目標、家で1日10分

　メモを取っておいたので、次の週に約束通り横田くんと『恐竜の谷の大冒険』について話し合うことができました。横田くんは、1日に20分以上読んだことを得意気に話してくれました。
　読んだ感想を聞いてみると、「自分もツリーハウスに登りたい」とか「恐竜に追いかけられるところが好き」といったお気に入りの場面がどんどん出てきます。これらの感想から、内容を読み取っていることが分かります。
　『マジック・ツリーハウス』シリーズのこの本はかなり気に入ったようなので、「別の巻でも主人公がいろいろな場所を旅しているよ」と伝えると、嬉しそうに「続きを読みたい」と言っていました。そこで教師は、次は登場人物のジャックとアニーがどんな人物なのかについて話し合おうと約束しました。もちろん、そのこともカンファランス・メモに書き入れています。

・マジック・ツリーハウスはＯＫ
・シリーズを読みたい
・次回は登場人物について

　次の日の読書家の時間のミニ・レッスンは、「登場人物の性格を読む」という内容にしました。横田くんの意欲を高めるという意図もありましたが、ほかの子ども

にもこの内容は教える価値があり、読書ノートに書く内容も広がっていくと考えたからです。

　もちろん、クラス全員を対象に行うミニ・レッスンのなかで、横田くんとの話し合いの様子も織り交ぜながら話していきます。そして、横田くんが『マジック・ツリーハウス』シリーズの『恐竜の谷の大冒険』に挑戦していることも紹介しました。横田くんはというと、とても嬉しそうです。

　これがまさに、読書家の時間の評価の一つの典型的な例です。横田くんの読みの状況と恐竜好きということを考慮して、選書のアドバイスを効果的に行うことができました。また、横田くんの読みの状況を明らかにするために対話の機会を設けました。さらに、登場人物の性格のように、はっきりと書かれていないことを推測して読めているかについても指導の機会をつくりました。「指導と評価の一体化」と言われるように、横田くんへの評価と彼への指導は常に連動しています。

3　子どものための評価

　読書家の時間での評価とは、その子どもにどのような指導や助言が効果的かを探るために行われます。そして、そのように行われた評価は蓄積され、その子どもとのカンファランス、そして時には全体へのミニ・レッスンのなかで活かされることになります。子どもの評価を行うことで今後の指導指針が決まり、その子どもにあった指導という形で還元されるのです。

　このような評価の考え方は、医師のカルテに似ています。医師は患者を一同に集めて、一斉に同じ治療を施すことはありません。一人ひとりの症状を確認し、どのように回復したいかを聞いてから、その患者にあう助言や治療法を提案していきます。そして、その一連のやり取りをカルテに書き込んでいきます。

　まさに、読書家の時間の評価は、医師のカルテのように日々の子どもの活動を記録して蓄積し、その子どもがどのように学習を進めていくと読む力が伸びていくのかについて、教師が検討するためにあるのです。

4 ポスターでの評価が有効だった高島くん

　カンファランスを中心にした評価は、人懐っこい横田くんのような子どもにはとても有効で、対話を通して本で自分の生活を豊かにする機会をもてました。しかし、なかには無口で話すことがとても苦手で、教師との対話も思うように進めることができない子どももいます。仲のよい友達とは楽しく会話をすることができますが、教師と読書の話をするとなると途端に声が小さくなって、思うように話せなくなってしまう子どもがいるのです。高島くんは、そのような子どもでした。

　5年生の高島くんは、言葉で思いを伝えることが得意ではありません。教師とのやり取りが思うように進まず、高島くんの読みがどのような状況であるかについても、夏休みがすぎてもしっかりととらえることができませんでした。
　秋になると、子どもたちも読書家の時間に慣れてきたのか、読書を楽しむことができる子どもが増えてきました。しかし、「読みたい本が見つからない」と尋ねてくる子どももまだ多かったので、子どもたち同士で情報交換ができればとよいと考えました。
　そこで教師は、今まで読んできた本のなかからお気に入りの本を1冊紹介しあう「読書紹介ウィーク」をしようと投げかけました。様々な表現方法を認めたいと思ったので、紹介の仕方は自分で選べるようにしました。すると、作文が得意な子どもは文章で表現したいと意気込み、絵が好きな子どもは紹介ポスターという方法を選んでいます。「本の紹介スピーチをしたい」と言う子どもも出てきました。
　高島くんは、人前で話すことは得意ではないのですが、絵を描くことが得意だったのでポスター作りを選択しました。カンファランス・ノートを見ると、「今年になってから、家庭でも読書をする姿が見られるようになってきた」という個人面談でのメモが残っています。ポスター制作を通してならば、高島くんの読みをしっかり評価できるかもしれません。
　高島くんの様子を見ると、ポスターに何を描いたらよいかが分からないようです。主人公の紹介や感想を書こうとしていることは、高島くんの読書ノートから読み取

ることができましたが、それだけでは紙面が充実せずに迷っているようです。そこで教師は、過去に受け持った6年生が作ってくれたポスターを高島くんに見せ、どんな工夫があるのかを一緒に探しました。

すると、大きなキャッチコピー、作者紹介、おすすめの場面、どんな人におすすめなのか、同じ作者の本紹介など、たくさんの工夫を発見することができました。高島くんはそのなかから、キャッチコピーやおすすめの場面を書くことを選び、早速ポスター作りに取り掛かりました。「読書紹介ウィーク」が近づいてきました。前に立って紹介スピーチをする子どもは、1日に2人のペースで進んでいきます。文章で表現した子どもの原稿は、まとめて本のようにしました。完成した高島くんのポスターは、担当の先生にお願いして図書室に貼らせてもらうことにしました。

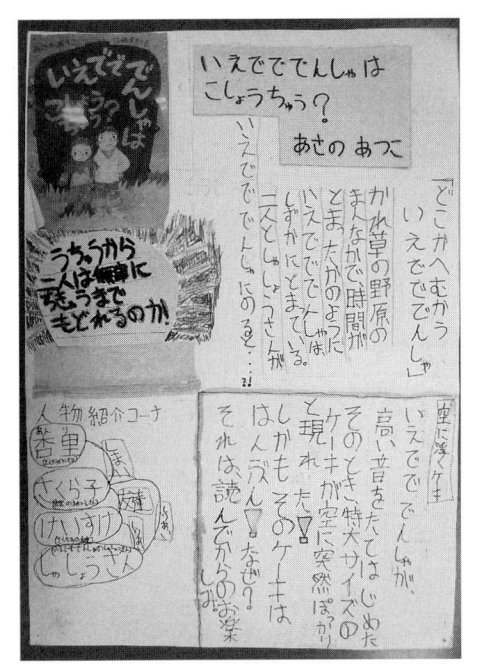

ポスター

高島くんのポスターを読むと、登場人物の人柄や性格、他の登場人物との関係性がよく表されています。絵が得意なので、数人の登場人物のイラストを「ライバル」や「友達」などの関係性を示す線で表現しています。6年生のポスターが参考になったようです。

高島くんはこれをきっかけに、読書ノートの書き方が以前と比べて多様なものになりました。簡単な感想だけでなく、イラストがたくさん入った自分らしいノートになり、読む意欲だけでなくノートに表現する意欲も高まっていきました。

5 多様な評価方法で子どもを伸ばす読書家の時間

　書くことで自分の読みの力を発揮できる子ども、話すことで発揮できる子ども、絵や図を描くことで活き活きと表現できる子どもなど、みんな一人ひとり違います。それぞれの子どもにあった効果的な指導をするためには、多様な評価方法を用いて子どもの読みの状況を判断する必要があります。例えば、話すことが得意な子どもばかりが適切に評価され、教師から有効な指導がもらえるとなると、話すことが苦手な子どもは適切な指導が受けられないことになってしまいます。

　高島くんは話すことが苦手で、教師との対話ではしっかりと読みの状況をつかむことができませんでしたが、今回のように得意な分野を活かしたポスターで評価をすることによって高島くんに有効な指導方法が見つかり、意欲づけをすることができました。

　対話での評価だけでなく、学習の様子を観察する評価、成果物（読書ノート・読書紹介・読んだ本リスト）での評価、ワークシートでの評価、インタビュー形式での評価、そして子ども自身が行う自己評価や相互評価など、様々な形で子どもの読みの状況をとらえることにより、一つの方法だけでは分からなかった子どもの読みの状況をより確かに把握することができ、今後の指導に活かすことができます。

6 自己評価力を育てる

　クラスの子どもたちに、次のようなことを聞いてみてください。
　　・国語の学習でどんな学習をしたいですか？
　　・国語の学習でどんな目標を達成したいですか？
　　・国語の時間でどんな自分になりたいですか？

　子どもたちはどのように答えるでしょうか。そもそも、答えられるのでしょうか。子どもの頃を思い出せば、答えられないことがお分かりでしょう。それは、教師が

出す課題に答える学習が「国語」だと考えていたからです。それに何の違和感もなかったというのが、多くの人が述べる感想でしょう。

　自分のやりたい学習や自分の目標など、考える余地もなかったのです。そういう発想自体がないわけですから、先ほどのような質問にはきっと詰まってしまうだろうと思います。

　読書家の時間が始まってから2か月ぐらい経つと、子どもたちは読むことが大切にされるクラスにも馴染み始め、今自分が読んでいる本を持ち歩くという習慣が身についてきます。様子を見計らって、子どもたちに目標をもつようにするといいでしょう。

　　・読書の目標を立てよう！
　　・今学期の終わりの姿をイメージしよう。読み手として、どんな自分になっていたいですか。

　目標は一人でじっくりと考えてもいいですし、教師が目標づくりを手助けしてもよいでしょう。大切なことは、目標が本当に自分のかなえたいものであり、自分でつくったという意識を子ども自身がもてることです。つまり、「この目標のためにがんばってみたい」と思えるような目標であるということです。

　自分でつくった目標は、読書家の時間の一つのゴール（目的地であり中間到達点）とも言えます。子どもたちは、1年間あるいは数か月にわたって、そのゴールに近づくために学習を進めていきます。自分でつくった目標ですから、教師から与えられる課題よりも自らを勇気づけることでしょう。

7　目標設定で意欲的に読むようになった中沢くん

　4年生に、中沢くんという男の子がいました。中沢くんには読書という選択肢がなく、面白い本もあるとは感じていたようですが、なかなか習慣としては定着していませんでした。本を読むぐらいならば少しでもボールで遊んでいたいというよう

な子どもです。たぶん、このような子どもはどの教室にもいることでしょう。

　ところが、ある日、『獣の奏者』の第1節を読んだら、何かスイッチが入ったようです。テレビでも放送していたので、おそらく背景がうっすらと分かっていたのでしょう。中沢くんの読書習慣がなかなか身につかないと気にしていた教師は、これはチャンスだと思って中沢くんに問い掛けました。
「先生と一緒に目標をつくってみよう」
　楽しそうな本と出合って、自らの読む力をパワーアップするような挑戦をしたいと考えていた中沢くんは、「目標は『獣の奏者』を全部読むことにする」と答えました。
　中沢くんに対する指導のポイントは、これで決まりました。中沢くんが4年生のうちに『獣の奏者』を読み切るために、内容につまずいた時にどうしたらよいか、どうやって読書のための時間を確保するかなどについて自己評価の機会をつくっていくことにしました。
　書くことがあまり得意ではない中沢くんですが、読書ノートには「○○ページまで読んだ」という記述が増えました。教師との会話のなかでも、「先生、もう1巻全部読んだよ」と話しかけています。
　中沢くんの自己評価（振り返り）は、『獣の奏者』の全8巻中のうち、どこまで読んだか、どんなお話だったかを説明できるかということでした。それらが、読書ノートに日々の記録として残されていきます。そして教師は、様々なタイミングで、「どこまで読んだ？」とか「その場面かっこいいよね。どう思った？」などあらすじの確認をしたり、読みを深める質問を投げかけてみたりしました。もちろん、中沢くんは文章を書くことが苦手なため、会話でのやり取りが大切にされています。
　しかし、このようなつぶやきもありました。
「場面が変わるとよく分からなくなる……」
　やはり、登場人物の複雑な背景などは難しいようで、自分でもそれが読めていないという自己評価もできています。教師は、「それは確かに難しいところで、先生も読み返したよ。まずは、少し戻って読み返してみるといいね。あとは、本の最初にある人物紹介を確認したり、自分の読書ノートに人物や国の説明を書いてみたりすると、本が読みやすくなるよ」とアドバイスし、過去の先輩のノートなどを見せ

て参考にできるようにしました。

　中沢くんは無事に『獣の奏者』のシリーズをすべて読み切り、「もう一度読み返す」と言って年度末を迎えました。『獣の奏者』との出合いが、中沢くんの読書生活を大きく変える転機になったことはまちがいないでしょう。

8　自己評価しながら成長し続ける子どもたち

　今挙げた事例のように、日々のカンファランスのなかで、自らが立てた目標に向かってどれだけ近づいているかという点において子どもに自己評価の機会を与えていきます。そして、目標に向かって着実に進んでいることが分かるように、自らを見つめる機会をつくっていきます。

　子どもたちは、読書の楽しさを味わうあまり、読書をしている自分を振り返ることなく、ただ読書に身を投じていくという時があります。それは好ましいことなのですが、より質の高い読み方へとステップアップしていくためには、それでは視野が狭すぎます。

　例えば、面白くて夢中になって本を読み、振り返ると1年間に特定のジャンルしか読んでいない子どもや、一生懸命になりすぎて、自分に必要のない本ばかりをがんばって読み続けてしまう子どもがいます。このような子どもたちは、確かに本を読むことをとても楽しみ、よい読書生活を送っているように見えますが、読書経験を積んだ教師からすると、もっと新しいステージに導いてあげたい子どもと映ります。

　教師は、より高いレベルの読み手に成長できるように子どもたちが振り返るきっかけを与えなければなりません。目の前にある本しか見ていないと、自らの読書生活や自分自身を振り返るチャンスを逃してしまうことになります。

　目標に向かって進んでいったり、より高い目標にチャレンジしたりするきっかけは、教師の指導だけでなく、子どもたち自身の自己評価のなかから生まれてくるのです。読書家として子どもたちよりも何歩も進んでいる教師が、子どもたちに自らの読書を振り返るきっかけを与えることは大切な役割となります。

子どもたちに、自己評価のチェックシートを定期的に与えることも有効な方法の一つです。170～171ページに掲載した**表8－1**は、教師が子どもたちの様子を見ながら読書の一連の流れや読書習慣を自己評価できるようにつくったものです。低学年用は225～227ページの**資料6**を参照してください。

　自己評価のチェックシートは、学期末に自分の読みの状況をチェックするために使うことができます。また、印刷して子どもが手に取れる場所に置いておき、読書パートナーと相談しながら自由なタイミングでチェックをするということもできるでしょう。自己評価の機会を教師がつくることや、自己評価が気軽に行える環境を設定することが、子どもたちの自己評価と自己修正・改善の力を伸ばしていきます。

　このチェックシートの工夫されている点は、自分がより良い読書や習慣を身につけるためにどのような行動をとったらよいかが、子どもにも分かる言葉で具体的に示されていることです。次のステップが明確に分かるほうが、子どもたちは自らの力を使って自分を高めていこうと考えます。

　自己評価の力を高めていくためにも、このようなチェックシートを子どもたちと一緒につくることがよいでしょう。教師とともに、「どんな読み手になりたいか」を具体的に考え、子どもたちの考えを活かしたチェックシートをつくることができれば、「自分のもの」という意識をもって自己評価ができるようになるでしょう。

9　進んで行える楽しい評価

「私にとって、評価はあまり面白くないものでした。子どもを選別し、子どもの成長にあまり役に立たないものを教師が押しつけているのではないかという感覚をもっていたからです」

　このように振り返る教師がいます。確かに、子どもの能力を教師が測りやすくするためには、子どもたち全員に同じことをさせて一つの評価規準で測定するのが簡単です。同じことをしているので子ども同士を比較することもでき、教師にとっては仕事のしやすい状態と言えるでしょう。しかし、子どもたちにとってはどうでしょうか。子どもたちが学びやすい環境と言えるのでしょうか。

子どもたちは、「もっと読むことが上手になりたい」とか「本をもっと楽しみたい」と思って読み続けています。そのような子どもたちのために、子ども自身にとって役に立つ評価をしたいと思うのが本来の教師の願いのはずです。そのためにも、その子どものよさが発揮できる評価方法で子どもの評価をし、その記録を活かした指導をすることによって、子どもたちが夢や目標に近づいていけるようにしていきたいものです。そんな役割のできる教師こそ、本物の教師と言えます。

　評価観を変えることは、教師と子どもとの関係性、子どもを見る教師のスタンス、授業のあり方まで、すべてを変えていくことにつながります。それほど、評価について考えることは重要なのです。

　今、筆者らが目指している評価は、子どもが進んで自己評価をし、教師も進んで評価を子どもに伝えられるような魅力的な評価です。本当の評価とは、自分の目標に近づくための助けであるはずなので、子どもたちにとっても教師にとっても楽しいものでなければならないのです。

　ところが、多くの教師が行っている評価は、依然として厳しいもの、できればやりたくないもの、子どもの顔が曇るものといったネガティブな面が多いように思います。それを、読書家の時間という学び方から変えていきたいものです。読書家の時間には、今まで多くの教師たちがもっていた評価観を大きく転換させるだけの力があります。

　「自分をもっと高めたい。だから、進んで自分を振り返り、目標に向かって学習を進めていきたい」

　筆者らは、子どもたちの思いを実現できるような評価を行っているだけでなく、次世代の教育が目指す評価の展望をしっかりと見据えています。

表8-1　読書の達人への道　チェックシート（高学年）

　　　　　　　　　　　　　　　月　　　日　　　名前

自分に合う本を選ぼう
- 自分が今興味をもっているテーマや作者で選んでいますか？
  □ とてもよくできた　□ よくできた　□ まだできる　□ できなかった
- 自分の読む力にあった本を選んでいますか？
  □ とてもよくできた　□ よくできた　□ まだできる　□ できなかった
- これから読みたいものを見つけるために、本の情報を集めていますか？
  □ とてもよくできた　□ よくできた　□ まだできる　□ できなかった
- 図書館を使っていますか？
  □ とてもよくできた　□ よくできた　□ まだできる　□ できなかった
- いろいろなジャンルの本に挑戦していますか？
  □ とてもよくできた　□ よくできた　□ まだできる　□ できなかった

ざっと読もう
- ざっと読んで、じっくり読むものと、必要な部分だけ読むものを選んでいますか？
  □ とてもよくできた　□ よくできた　□ まだできる　□ できなかった
- ざっと読んで、あまりおもしろいと思えないなら読むのをやめていますか？
  □ とてもよくできた　□ よくできた　□ まだできる　□ できなかった

じっくり読もう
- 読んだものと自分とのつながりを見つけられていますか？
  □ とてもよくできた　□ よくできた　□ まだできる　□ できなかった
- 質問を考えながら読めていますか？
  □ とてもよくできた　□ よくできた　□ まだできる　□ できなかった
- 登場人物の関係や場面の様子についてイメージをもてていますか？
  □ とてもよくできた　□ よくできた　□ まだできる　□ できなかった
- 自分にとって大切なところを見つけられていますか？
  □ とてもよくできた　□ よくできた　□ まだできる　□ できなかった
- 筆者の言いたいことは何か考えられていますか？
  □ とてもよくできた　□ よくできた　□ まだできる　□ できなかった

読んだことをさらに深めよう・広げよう

- ふせんに書いてはったり、本に書き込んだりしながら読めていますか？
  - □ とてもよくできた　□ よくできた　□ まだできる　□ できなかった
- 読んだことから自分の考えをもてていますか？
  - □ とてもよくできた　□ よくできた　□ まだできる　□ できなかった
- メモやふせんの中で大切なものを読書ノートにまとめられていますか？
  - □ とてもよくできた　□ よくできた　□ まだできる　□ できなかった
- 気に入った本や文章、読書ノートを繰り返し読みなおせていますか？
  - □ とてもよくできた　□ よくできた　□ まだできる　□ できなかった
- グループやペアなどで、友達と読んだことを話しあえていますか？
  - □ とてもよくできた　□ よくできた　□ まだできる　□ できなかった

読んだことを紹介しよう

- 大切なところや自分の考えなど、友達が読みたくなるように紹介できましたか？
  - □ とてもよくできた　□ よくできた　□ まだできる　□ できなかった

読書習慣をつけよう

- 家でも学校でも、どこでも読む時間を作って読んでいますか？
  - □ とてもよくできた　□ よくできた　□ まだできる　□ できなかった
- 自分にあった読書ノートを作れていますか？
  - □ とてもよくできた　□ よくできた　□ まだできる　□ できなかった
- 読んで考え、行動に移せましたか？　自分を成長させられましたか？
  - □ とてもよくできた　□ よくできた　□ まだできる　□ できなかった

自分の読書で、変わったこと、よく成長したと思えることは…

_____

_____

_____

_____

第9章 年間計画

　読書家の時間を始めてみると、「プロローグ」で紹介されているように子どもたちが個性を輝かせ、活き活きと読むことに取り組んでいきます。そんな子どもたちの成長に柔軟に対応し、より適切な指導をしたいと夢中になっている間に、ふと気が付くと読書家の時間が場当たり的なイベントになっていることがあります。

　読書家の時間を実践する際に何よりも重要なことは、年間を通して計画的に行うことです。そのためには、学習指導要領の項目を押さえたうえで、読書家の時間をしっかりと国語の授業のなかに位置づけた年間計画を新年度が始まる前に立て、見通しをもって実践していく必要があります。

　「新年度が始まる前に年間計画を立てる」と言うと大変な作業に聞こえるかもしれませんが、2〜3時間もあれば十分できます。また、読書家の時間の年間計画を立てることで、年間を通して継続的に時間を確保することができます。いつのまにか読書家の時間ができなくなってしまっているといったことや、「先生、最近、読書家の時間ないね」と子どもたちから言われることもなくなります。

　「年間を通して継続的に」と書きましたが、その意味は、毎週読書家の時間が必ずあるということです。筆者らは、読書家の時間を低学年は週3時間、高学年は週2時間を確保し、年間を通してやり続けることが理想だと考えています。そんな時間を捻出することが可能なのか、と思われるかもしれませんが、十分に可能なのです。その理由をお伝えするのが本章の目的です。以下では、筆者らのメンバーが行ってきた実践に基づいて紹介していきます。

1　年間計画づくりのベース

　年間計画を作成する時に最初に考えたのが、書くことを教える時に使っていた「作家の時間」という教え方を活かすことでした。その経験をもとに、後述する「逆さま計画」と「ユニット」という考え方を活用しつつ、学習指導要領の内容を押さえることと、同僚との足並みを乱さない程度に教科書に配慮することも考えました。以下で、①作家の時間の経験、②「逆さま計画」と「ユニット」、③学習指導要領と教科書という三つについて具体的に説明していきます。

1　作家の時間の経験

　読書家の時間に取り組み始める前、約２年間にわたって作家の時間を実践していました。アメリカでも、読書家の時間（リーディング・ワークショップ）が実践される前に、作家の時間（ライティング・ワークショップ）が先行して行われていたそうです。ライティング・ワークショップがあまりにも効果的なので、読むことの専門家や実践者たちがそれを研究して、読むことを教えるために応用し始めたのがリーディング・ワークショップだと聞いています。その意味では、ライティング・ワークショップの日本版とも言える作家の時間から取り組めたことはとてもラッキーでした。

　作家の時間を行う時に苦労したのは、時間の確保でした。しかし、年間を通して低学年では３時間、高学年では２時間を確保したところ、本当の作家のように活き活きと書くことに取り組む子どもたちがたくさん見られるようになりました。と同時に、子どもたちは主体的に取り組める時間が提供されれば大きく成長するという確信も得ました。

　まさしくそれは、継続することによって得られるパワーであり、同じ作家仲間（クラスメイト）がたくさんいることで備わるパワーです。そしてもう一つ、適切にミニ・レッスンやカンファランスを行う教師という存在がもたらすパワーでもあります。

そのような背景があったため、読書家の時間が始まると聞いた時は素直に嬉しいと思いました。すでに読み聞かせや読書へのアニマシオンなどの実践は取り入れていましたし、かなりの本が教室内の図書コーナーにはありましたから、準備は万全です。作家の時間で本物の作家になることを通して学んだように、読書家の時間では本当の読書家になることを通して学べることに期待が膨らみました。

2 「逆さま計画」と「ユニット」

　作家の時間に取り組む時にも年間計画を当然立てましたが、その時に学んだ方法に「逆さま計画」（「逆さまデザイン」ともいう）があります[★1]。
「逆さま」と言う理由は、①目標／ゴールを明確に設定し、④その評価の仕方を考え、②それから目標（と評価の両方）を満たす計画を立て、③授業するという流れになっているからです。つまり、通常であれば①→②→③→④という順番で行われているのに対して、①→④→②→③と順番を変えているということです。
　①と④を達成するために、③の授業はもちろん、場合によっては②の計画までが臨機応変に修正されて行われることになります。まさに、指導と評価の一体化が実現するわけです。これは、カリキュラム作成やユニット開発、そして授業レベルでも使えるとても効果的な方法と言えます。
　ちなみに「ユニット」とは、国語の教科書でいう「単元」よりも大きな枠組みのことで、詩や物語や説明文などの「ジャンル」、友達や動物・生き物などの「テーマ」、あるいはレオ・レオニや工藤直子などの「同じ作家の本」などがユニットの例として考えられます。
　例えば、63〜66ページで紹介した詩のミニ・レッスンのように、ある期間、一つの内容に子どもたちがひたるイメージをしていただけると分かりやすいと思います。教科書の一つの単元には一つの作品しかない場合が多いのですが、読書家の時間の

---

(1) 『効果10倍の〈学びの技法〉——シンプルな方法で学校が変わる』（吉田新一郎、岩瀬直樹、PHP研究所、2007年）の166〜172ページで紹介されています。その後、そのオリジナルの『Understanding by Design』（Grant Wiggins and Jay McTighe, Association for Supervision and Curriculum Development, 2005）が『理解をもたらすカリキュラム設計』（グラント・ウィギンズ＆ジェイ・マクタイ／西岡加名恵訳、日本標準、2012年）という題で出版されています。

ユニットの場合では、一つのユニットでかなり多くの本物の作品に触れることになります。

　年間計画のなかのユニット例として、ある教師が考えた6年生のものを紹介します。「生き方について見つめよう」というユニットで、小学校を卒業していく6年生に、自らの将来を見据えて生きていってほしい、新たなステージへ上がる子どもたちが一人ひとり自分の生き方を考えてほしい、という願いからつくりました。

　国語の教科書には「生きる」ということがテーマになっている教材がいくつかありましたから、この教師はそれらを全部集めました。学校行事や総合的な学習の時間でも「自分の将来の夢」について学習する予定がありましたので、それらを同時期に学べるようにすることで子どもたちは生きることや生き方にひたりきる体験ができるのではないかと考えたわけです。

「どのように生きるか」をテーマにして、できるだけたくさんの伝記を読んだり、「生きる」ことについて見つめることのできる詩を読み続けることで、自分につなげて読むというミニ・レッスンがより深く行うことができるのではないかと考えて計画に入れました。もちろん、読んで得たことを自分につなげて考え、将来の夢について書くこともふまえています。

　このように、学校行事や総合的な学習の時間をはじめとした他の教科と関連させることもできますが、中心になるのはあくまでも国語です。また、国語の時間のなかで、「読むこと」と「書くこと」のつながりを意識してユニットを組めば、読み手や書き手としての成長を相乗的に図ることもできます。本書の184〜187ページに掲載した1年生の年間計画（**表9−4**）では、右側の欄に「書くこと」を載せています。

3　学習指導要領と教科書

　作家の時間に取り組むまで、学習指導要領はあまり身近な存在ではありませんでした。研究授業などを行うための指導案を書く時に、単元目標や本時目標の文言を確認するためぐらいにしか使っていませんでした。しかし、作家の時間に取り組む際に、学習指導要領に書かれている内容が作家の時間でカバーできるのかを考える

ようになり、隅から隅まで読み始めました。すると、よいことや大切なことが書かれていることを確認すると同時に、押さえないといけない量がそう多くないことを知りました。

　だからこそ、学習指導要領の「読むこと」の領域に書かれていることを読書家の時間でカバーするのは十分に可能であると判断したのです。読書家の時間に取り組み始めた初年度、学習指導要領の「読むこと」の領域とリーディング・ワークショップを比較した表（228～231ページの**資料７**）を見ました。これを見ると、学習指導要領に書かれていることのほぼすべてが読書家の時間のなかに含まれているだけでなく、右側の各項目を見ていけば学習指導要領以上の力が身につくことも明らかです。

　しかし、この表は小学校全学年用として書かれているため、自分が担任をしている１年生用のものをつくってみました（178～179ページの**表９－１**を参照）。先に述べた表という土台があったので、つくるのには５分ぐらいしかかかっていません。ぜひ、**資料７**を参考にして、10分ぐらいで自分の学年用の案をつくってみてください。

　読書家の時間では、自立した読み手／学び手を育てることを目的にしているので、「自立した読み手／学び手」とはどんな姿なのかも明らかにする必要があります。筆者らのプロジェクト・ワークショップでは、これらをテーマにしてブレーン・ストーミングを行い、180ページの**表９－２**のような結果を得ました。右側の「自立した読み手」は、第８章の「評価」で紹介した「チェックシート」（170～171ページの**表８－１**を参照）にもしっかりと反映されています。

　表９－１や**表８－１**と学習指導要領を比較すると、小学校レベルの目標は評価できない一般的な表現になっていますし、低学年レベルの目標や内容はあまりにも少なく、子どもたちの能力を過小評価したものになっているような気がします。これらはすべて、読書家の時間を実践していれば身についてしまうものばかりです。

　さて、年間計画をつくる時には、同じ学年を教える同僚との関係にも配慮したいものです。お互いに分かりあえない関係で１年間を過ごすのは、教師にとってはもちろんのこと、子どもたちにとってもよくありません。同僚との関係で特に足並みを揃えることを考えると、問題になるのはやはり教科書です。

表9－1　学習指導要領の1年生版と読書家の時間の比較

「C　読むこと」　学習指導要領

目　標	国語を適切に表現し正確に理解する能力を育成し、伝え合う力を高めるとともに、思考力や想像力及び言語感覚を養い、国語に対する関心を深め国語を尊重する態度を育てる。	
学　年	第1学年及び第2学年	
低学年の目標	書かれている事柄の順序や場面の様子などに気付いたり、想像を広げたりしながら読む能力を身に付けさせるとともに、楽しんで読書しようとする態度を育てる。	
各学年の内容	音読	ア　語のまとまりや言葉の響きなどに気を付けて音読すること。
	効果的な読み方	
	説明的な文章の解釈	イ　時間的な順序や事柄の順序などを考えながら内容の大体を読むこと。
	文学的な文章の解釈	ウ　場面の様子について、登場人物の行動を中心に想像を広げながら読むこと。
	自分の考えの形成及び交流	エ　文章の中の大事な言葉や文を書き抜くこと。 オ　文章の内容と自分の経験とを結び付けて、自分の思いや考えをまとめ、発表し合うこと。
	目的に応じた読書	カ　楽しんだり知識を得たりするために、本や文章を選んで読むこと。
言語活動	ア　本や文章を楽しんだり、想像を広げたりしながら読むこと。 イ　物語の読み聞かせを聞いたり、物語を演じたりすること。 ウ　事物の仕組みなどについて説明した本や文章を読むこと。 エ　物語や、科学的なことについて書いた本や文章を読んで、感想を書くこと。 オ　読んだ本について、好きなところを紹介すること。	

（表の左側は、平成20年版「小学校学習指導要領国語科編」より）

読書家の時間（1年生）

目標	自立した読み手を育てる（読むことが好きになり、かつ読む力を身につける。生涯にわたって読み続ける土台をつくる／練習をする。なお、読む力は他の教科の「読み」でもつけられる。） 読むことは、考えること、理解すること、そしてそれを活用すること。
目標	・大量の本を、いろいろなジャンルで読む。 ・自分にあった本を選んで読むことができる。 ・目的を踏まえた読み方ができる。 ・優れた読み手が使っている7つの方法を使いこなせるようになる（効果的な読み方を参照）。 ・ペア読書や読書パートナーやブッククラブなどを通じて他の読み手たちと、読んだことについて共有し合える力を身につける（話し合ったり、紹介したりすることを通して、読みは深まる／広がる）。
効果的な読み方	・意味のまとまりで区切って音読する。 ①自分や、他の読み物や、世界とのつながりを見いだす。 ②イメージを描き出す。 ③質問をする。 ④著者が書いていないことを考える（＝行間を読む）。 ⑤何が重要かを見極め、ほかの人に説明できる。 ⑥様々な情報を整理・統合して、自分なりの解釈や活かし方を考える。 ⑦自分の理解をチェックし、修正する。
文章の解釈	フィクションとノンフィクションの文章構造を理解する。 ・ノンフィクションは、主に描写的なもの、　手順を示すもの、説明的なものを扱い、骨組みとしては、説明的に書くもの、順序だてて書くもの、原因と結果、問題／解決などがある。 ・フィクションは、中心は物語、絵本、詩などになるが、骨組みとしては、登場人物、場面、ストーリー（はじめ～中～終わり）、問題／解決などがある。 ・解釈する際に最も重要なことは、個々の読み手の感想・反応・解釈からスタートすることである。それを子どもたち同士で（場合によっては教師も入って）共有しあうことで、各人の解釈・理解が深まっていく／広がっていくことになる。 ・フィクションとノンフィクションの読みに使う方法は、上記の7つの効果的な読み方で共通している。
自分の考えの形成および交流	・7つの効果的な読み方を使いながら文章を読んで、大切と思った言葉や文や段落などに気付けるようにする（これは、話し合う時、感想・紹介文等を書く時に使える）。 ・読むことを、個別の孤独な行為ととらえないで、ペア読書、読書パートナー、ブッククラブ、そしてクラス全体で読んだことを紹介しあう時間を多く確保し、互いの読みを交流しあうようにする（→形成的評価として価値がある）。 ・各自で読書ノートをつけ、毎日読んだタイトルや分量、読んで感じたことや考えたことを記す習慣もつけ、それを友達や教師と交換しあう形での交流も図る（→形成的評価として価値がある）。
目的に応じた読書	・目的と選書を大切にする（左側に挙がっているということは、教科書だけでなく、たくさん「本物」の本や文章を使えるお墨付きと解釈できる！）。
継続した実践	・読み聞かせは、効果的に活用する。教師が、自分の好きな本を紹介する時間と位置づけるだけでなく、特に「考え聞かせ」は7つの方法を教える際に効果的。 ・子どもたちは、「読みたい本や文章を、読みたい時に、読む」が底辺に流れた読書家の時間を実施すれば、指導要領の内容をすべてカバーできてしまうだけでなく、7つの方法のなかには指導要領の中に含まれていないものもあるので、それ以上の効果を期待することができる。教師は、各自の置かれた状況に応じて指導要領と教科書を踏まえながら、ミニ・レッスンで教えたい／教えなければならないことを教えていく。

表9-2 「自立した学び手」と「自立した読み手」とは？

自立した学び手（2010年4月10日実施）	自立した読み手（2010年9月11日実施）
・自分で学べる、自分のために学ぶ。 ・計画を立て、修正しながら問題解決できる。 ・振り返り、改善できる。 ・自分でできること、苦手なことが分かっている。 ・学び方を知っている。 ・人とかかわりながら学べる。 ・学び続ける。 ・その他（柔軟、行動できる、環境を作れるなど）。	・自分で選書ができる。 ・読むことを楽しんでいる。 ・本を読む時間を自分でつくることができる。 ・本をもとに他者と交流できる。 ・自分のために読んでいる。 ・本のある環境をつくっている。 ・目的に応じた読みができる。 ・本を読む価値を知っている。 ・「効果的な読み方」ができる。 ・本を読んで得たことを、生活に活かすことができる。

　184〜187ページに掲載した1年生の年間計画と、232〜235ページに掲載した6年生の年間計画を見ていただければ分かりますが、読書家の時間は教科書をカバーすれば終わるという授業ではありません。教科書をまったく使わないということではありませんが、教科書よりはるかに広い本の世界で子どもたちは成長していくので、教科書に左右されずに計画を立てていくことができるのです。

　事実、作家の時間の実践を通して教科書を順番通りにカバーする必要がないことを実感しましたし、教科書通りに進めることのマイナスも意識するようになったからです。というのは、単純に教科書の単元だけを教えていては、ある時期に読み方を学んだとしても、それが次の単元とつながらないことが多いからです。結果として、ぶつ切りとなる教え方になり、なかなか読む力が定着しません。

　また、教科書の単元では、子どもたちに主体者意識をもたせることも困難です。子どもたちが読むものを選べることが少ないからです。さらに第4章「カンファランス」のところでも説明されているように（86〜88ページ参照）、教師の目も教師主体の一斉指導を進めることに向いてしまうので、それぞれの子どもが抱えている異なった課題や可能性に対応することができないのです。

とはいえ、子どもたちの成長を第一に考えつつ、必要に応じて教科書を使ったユニットやミニ・レッスンも準備します。例えば、「これはいい！」と判断した教材を使う場合は、元になった本物の絵本や本などを探して使うようにします。そのほうが、子どもたちに与えるインパクトははるかに大きいのです。本物のパワーを見くびってはいけません。

　一番身近な協力者ということで、同学年の同僚や教科書の扱いを中心に書いてきましたが、同じことは管理職や保護者にも言えます。保護者については、理解と協力が得られるように、教科書の扱いについては対話を重ねていきたいです。第2章でも、理解と協力を得るための実例（46〜49ページ参照）を紹介しています。それほど大切な存在だということを、十分に認識してください。

　以上の三つのポイントをふまえながら、以下ではいよいよ年間計画づくりに挑戦です。

2　年間計画を立てる

　まずは、毎週2〜3時間は読書家の時間があるという「理想」の年間計画を立てます。ここで大切になるのが、「理想」という言葉です。あとで修正はいくらでもできますから、「こんなの無理かも」とか「これはできない」とは思わずに、とりあえずは理想の計画を立ててみるのです。

　初めは「無理ではないか？」と思いながらも計画を立て始めると、「子どもたちの学びのためにやりたい！」「これもやりたいな」「ここではこの行事があるから、こんな活動と組み合わせたらどうだろうか？」「この季節だとこの絵本でミニ・レッスンができそう」とどんどんアイディアが浮かんでくるものです。そして、自分の年間計画をつくることでイメージが明確になり、「やる気」がさらに沸いてくるはずです。

　自分の立てた計画に勇気づけられ、どのようにしてこの計画を実行していこうかという発想につなげることができれば、立てた年間計画のなかに教科書教材を活かすアイディアも生まれてきます。それだけに、読書家の時間のために確保できる時

間があるという前提で、自分が押さえるべき項目、あるいは押さえたいと思っている項目をまず箇条書きにしてみます。例えば、表9－3に示したような項目を参考にしてください。

表9－3　読書家の時間において押さえたい項目

・子どもたちに身につけさせたいこと	・読み聞かせ
・アンケートやインタビューで実態把握	・考え聞かせ
・優れた読書家が使っている読み方	・やりたいミニ・レッスン
・扱うジャンル（教科書も参考に）	・付箋の使い方
・扱う作家（教科書も参考に）	・読書ノート
・扱うテーマ（教科書も参考に）	・選書の方法
・学習指導要領で押さえるべきこと	・ブッククラブ
・読書家の時間の基本的な進め方について	・教室環境の整え方
・季節	・他の教科との関連
・学校行事	・保護者の協力を得る

　次に、リストアップした項目をどのような順番で、どのように組み合わせて扱えば効果的なのかについて、1年間のなかでの計画を考えます。学校独自の事柄と扱う項目をあわせることで、子どもにはより自然になり、学びやすくなるはずです。もちろん、教師にとっても教えやすくなります。このようにして立てた年間計画の例が、184～187ページに掲載した1年生を対象にしたものです（表9－4を参照）。
　この年間計画の9月～12月を見ていただくと分かりますが、「生き物」というテーマが設定されています。生き物を扱った本は、物語からノンフィクション、図鑑のようなものまで様々なものがあるので、この時期の子どもたちが学ぶにふさわしいテーマだろうと考えました。ほかの時期に配置することも可能ですが、この時期に設定した理由は以下の通りです。
　1年生では、生活科で「虫さがし」や「生きもの大好き」といったテーマを扱いますが、これらは時期を逃すと虫に触れることができなくなってしまいます。また、道徳での「命」（生命尊重）という価値項目で資料を扱う予定も同時に立て、その時に国語の教科書作品の生き物に関する説明文や、調べて書こうという単元の内容

も扱うことができます。

　子どもたちは実際の虫を探したり、調べて飼ったりするわけですから、絵本を使って生き物のミニ・レッスンを行います。そして、調べることができるように「図鑑」というジャンルや、その特徴と読み方を教えます。

　虫、動物、魚など身近なものから学びながら本を読むことで、それらについての知識を獲得することができます。学校で飼っているウサギやコイ、そしてカメなどについても１学期の学校探検で知っているわけですから、虫以外の生き物へも興味を広げることが可能ですし、子どもたちにとっても自然な流れとなるはずです。

　飼い方などについては、その必要性や実感とあわせて本と接することもできます。もちろん、調べたことを書くことから読書ノートの書き方も広がっていきます。簡単な付箋の使い方も教え、その後のツールとして活かしやすいような土台をつくって、様々な活用ができるようにしていきます。

　また図鑑では、目次や索引についてのミニ・レッスンができます。学年によっては、事典の使い方や、分からないものを調べるというミニ・レッスンにも発展させることができるでしょう。

　書くということと関連させることで（**表９－４**の右側の作家の時間を参照）、文章だけでなく絵を使って「自分事典」「動物事典」「虫事典」などをつくってみることもできます。絵ということで発展させるならば図工との関連も考えられますし、虫籠を作る、工作の本を読むなどの活動も考えられます。

　このように、一つのユニットの計画を立てていくだけで、様々な可能性がアイディアとして生まれてきます。もちろん、そのすべてをユニットに盛り込むことはできないかもしれませんが、出てきたアイディアはほかの場面でも使うことができるわけです。押さえたい・押さえるべき項目が最初からたくさんリストアップできなくても、計画をつくりながら増やしていくこともできます。このように考えていくとどんどん楽しくなり、読書家の時間をしていきたいと強く思えるようになるはずです（６年生を対象にして立てた年間計画が**資料８**として232～235ページにありますので、そちらもぜひご覧ください）。

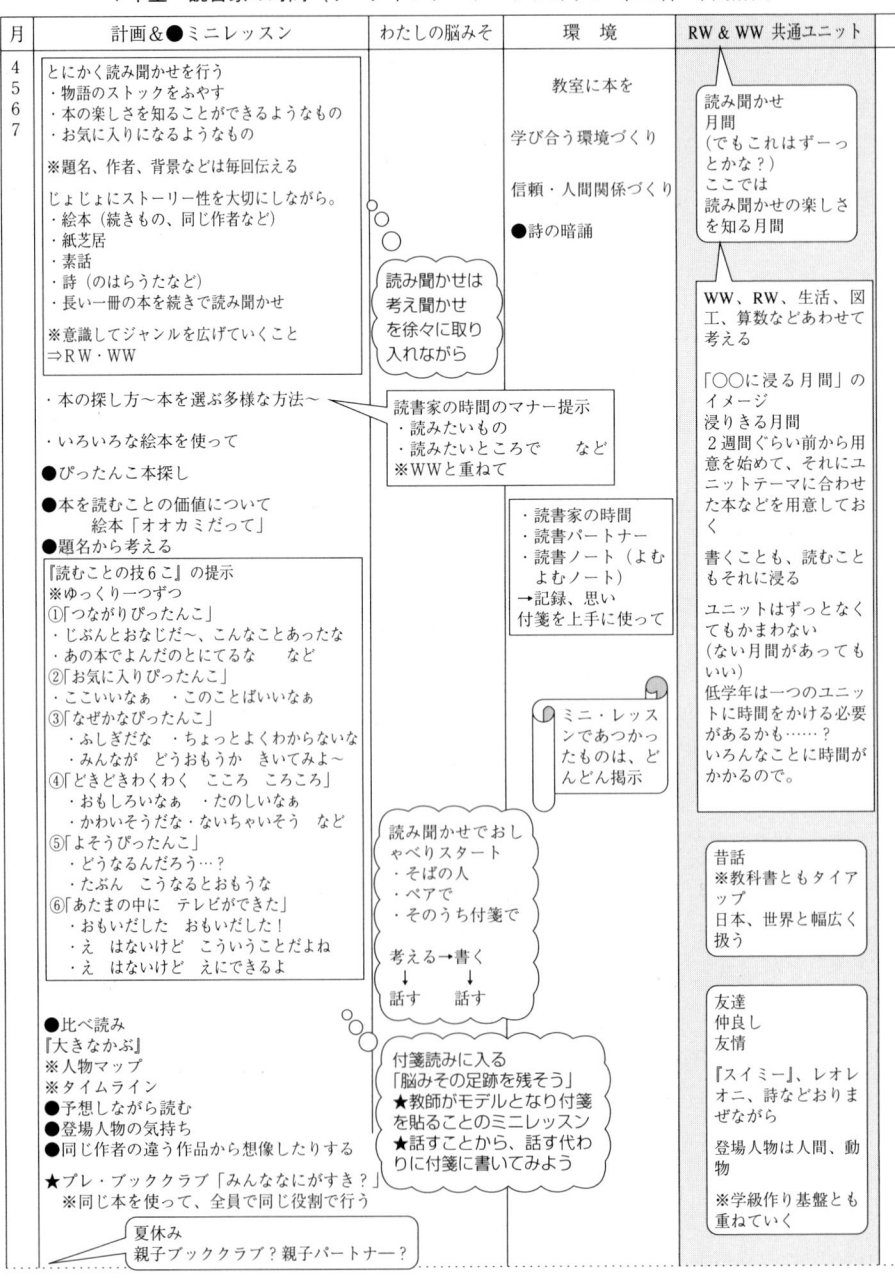

表9－4　1年生の年間計画
　　　　1年生　読書家の時間〈リーディング・ワークショップ（RW）〉年間計画

月	計画＆●ミニレッスン	わたしの脳みそ	環　境	RW＆WW 共通ユニット
4 5 6 7	とにかく読み聞かせを行う ・物語のストックをふやす ・本の楽しさを知ることができるようなもの ・お気に入りになるようなもの ※題名、作者、背景などは毎回伝える じょじょにストーリー性を大切にしながら。 ・絵本（続きもの、同じ作者など） ・紙芝居 ・素話 ・詩（のはらうたなど） ・長い一冊の本を続きで読み聞かせ ※意識してジャンルを広げていくこと ⇒RW・WW ・本の探し方～本を選ぶ多様な方法～ ・いろいろな絵本を使って ●ぴったんこ本探し ●本を読むことの価値について 　　　絵本「オオカミだって」 ●題名から考える 『読むことの技6こ』の提示 ※ゆっくり一つずつ ①「つながりぴったんこ」 　・じぶんとおなじだ～、こんなことあったな 　・あの本でよんだのとにてるな　など ②「お気に入りぴったんこ」 　・ここいいなぁ　・このことばいいなぁ ③「なぜかなぴったんこ」 　・ふしぎだな　・ちょっとよくわからないな 　・みんなが　どうおもうか　きいてみよ～ ④「どきどきわくわく　こころ　ころころ」 　・おもしろいなぁ　・たのしいなぁ 　・かわいそうだな　・ないちゃいそう　など ⑤「よそうぴったんこ」 　・どうなるんだろう…？ 　・たぶん　こうなるとおもうな ⑥「あたまの中に　テレビができた」 　・おもいだした　おもいだした！ 　・え　はないけど　こういうことだよね 　・え　はないけど　えにできるよ ●比べ読み 『大きなかぶ』 ※人物マップ ※タイムライン ・予想しながら読む ・登場人物の気持ち ●同じ作者の違う作品から想像したりする ★プレ・ブッククラブ「みんなにがすき？」 　※同じ本を使って、全員で同じ役割で行う 夏休み 親子ブッククラブ？親子パートナー？	読み聞かせは考え聞かせを徐々に取り入れながら 読書家の時間のマナー提示 ・読みたいもの ・読みたいところで　など ※WWと重ねて ・読書家の時間 ・読書パートナー ・読書ノート（よむよむノート） →記録、思い 付箋を上手に使って ミニ・レッスンであつかったものは、どんどん掲示 読み聞かせでおしゃべりスタート ・そばの人 ・ペアで ・そのうち付箋で 考える→書く 　↓　　　↓ 話す　　話す 付箋読みに入る 「脳みその足跡を残そう」 ★教師がモデルとなり付箋を貼ることのミニレッスン ★話すことから、話す代わりに付箋に書いてみよう	教室に本を 学び合う環境づくり 信頼・人間関係づくり ●詩の暗誦	読み聞かせ月間 （でもこれはずーっとかな？） ここでは 読み聞かせの楽しさを知る月間 WW、RW、生活、図工、算数などあわせて考える 「○○に浸る月間」のイメージ 浸りきる月間 2週間ぐらい前から用意を始めて、それにユニットテーマに合わせた本などを用意しておく 書くことも、読むこともそれに浸る ユニットはずっとなくてもかまわない （ない月間があってもいい） 低学年は一つのユニットに時間をかける必要があるかも……？ いろんなことに時間がかかるので。 昔話 ※教科書ともタイアップ 日本、世界と幅広く扱う 友達 仲良し 友情 『スイミー』、レオ＝レオニ、詩などおりまぜながら 登場人物は人間、動物 ※学級作り基盤とも重ねていく

1年生　作家の時間〈ライティング・ワークショップ（WW）〉年間計画

月	計画＆●ミニレッスン	わたしの脳みそ	環境
4 5 6 7	とにかく読み聞かせを行う・物語のストックをふやす ↓ 文字・言葉・文章のかたまり 語彙力も養われる ☆絵で表現・絵の題材集め 　→言葉を引き出す ☆おしゃべりを大切に ☆ジャンル ☆ともに書く ●今日からあなたも作家です！ 〜だってひらがなならってるもーーん〜 ●詩の暗誦 『あっちゃんあがつく』 ●おはなしおしゃべり 　ペア→グループへ 作家の時間のマナーの提示と定着へ ●てにをはの使い方 ●読点、句点の使い方 ●題材作り＆題材集め ●書くことを励ます ●題名くらべ 絵本（『てん』と詩「あたしのあ」あから始まる物語 『作家の技』の提示 　※ゆっくり一つずつ ①「題名の工夫」 ②「書き出しの工夫」 ③「書き終わりの工夫」 ④擬音語・擬態語 ⑤文末表現 ⑥比喩表現　　など ●なぞなぞ作り 『幼い子の詩集パタポン①、②』『なぞなぞえほん』 ●言葉遊び ●お話書こう（加工）・再話の話 『大きなかぶ』 ※人物マップ ※タイムライン ●繰り返しの言い回し「昔話」 ●登場人物の気持ち ●同じ作者の違う作品から想像したり考えたりする ●続きを書いて、本作り 『三年とうげ』『ミロとまほうのいし』 ●会話文の書き方 『みんなになにがすき？』 ●吹きだし使って、簡単メモ 　観察カード、まとめ、自分の考えなど、ふきだしの枠をつかい、簡単に書けるようにする 『いけちゃんとぼく』	教師は書き手のモデル この時期だからこそカンファランスを大切にする お題カードもつかいつつ 題材は自分だけが作るんじゃない 字のない絵本に物語を考えることで口頭で文を作ることができる「ごめんね」 付箋でファンレター「友達作家をはげまそう」 ★質問、いいとこなどを発言させ、初めは教師が付箋に書いて、プレゼント ★ほめほめ言葉 ★かんたんメッセージ	教室に本を 学び合う環境づくり 信頼・人間関係づくり ひらがな学習はグループで見合いながら教え合い支え合う 学びを阻害するもの、促進するものを意識してクラスづくり ⇩ 本物を全教科で意識！ 作家・画家・音楽など クラスの基盤となる友達のよさを知る 関わる楽しさを知る 心地よいコミュニケーションを感じる ミニ・レッスンであつかったものは、バリバリ掲示 算数とお話作り 具体的なお話作りをして、みんなの算数絵本を作る

月	計画&●ミニレッスン	わたしの脳みそ	環　境	RW&WW 共通ユニット	
9 10 11 12	●読書パートナーと一緒に読むときの良い方法 　（5章　P11参照） 夏休み明けに…これをどうしようか？ 　　1時間のサイクル 　　　ミニ・レッスン 　　　　　↓ 　　　　一人読み 　　　　　↓ 　　　　　共有 ●お気に入りの本読みの場所＆本 ●本の紹介 ●選書について←お気に入りの本よりつなげて 図書コーナーの本のレベルを明確に 　※シールを付ける。数も重要 　緑……スイスイゴーゴー読み 　　　（絵本、絵本並みの単行本） 　黄色…気をつけて！よーく見てね読み 　　　（簡単な単行本、文庫本　中学年レベル） 　赤……頑張れチャレンジ読み 　　　（文字のサイズ小、中～高向け） 自分、仲間のレベルを知り合う。共有もしやすい 教師も把握、観察がしやすい ●音読、指読み、声読み ●太った質問、やせた質問 ●分からない時 ●話し合う　聞き合う ●モデル　プレ金魚鉢 　　教師の入った子どもグループで ●「読み読みノート」 　読後ノートではなく、読中ノートに ●さまざまなジャンル	読書コラム お便りで啓蒙？ ざっくばらんに クラスの図書館 係との連携も？ 必要に応じて、ガイド読みを行おう！ 共に読むことの楽しさを体験！ 振り返りと共有を大切に	※読み聞かせ交換ノートを保護者と。 可視化を目指す 他の保護者にもみてもらう機会を作り、共有できるようにしたい 読み聞かせ リクエストボックス設置 保護者から 子どもに読んでほしいお薦め絵本の募集を行う 子どものお気に入り 大人のお気に入りの重なり 金魚鉢はストレス度も高いので丁寧に慎重に。やりたい子どもとともに行おう。	図鑑プロジェクト ・生活 ・国語 WW RW 生き物 動物 プレブッククラブ	ノンフィクション 教科書シロクマを簡単にからめつつ 自然科学 &生き物へ
1 2 3	●お気に入りの詩を探して教えあう ●ペア読書（詩集） ブッククラブ ・選書　　　　・グループ ・読みの目標　・計画の立て方 ・一人読みと「読む読むノート」 ・話し合いのしかた　・共有 ・金魚鉢　など ●同じ作家の作品 ●シリーズ ●時系列の整理のし方 ●読めない人が読めるようになるためのことを考える	教師の質問大事 今年のブッククラブの本は未定	詩のコーナーを作りお薦めカードとともに掲示を行う	詩 ブッククラブ 「お手紙」 プロジェクト 2年生へむけてゴー!! がんばること あきらめないこと 努力すること	

第9章　年間計画　187

月	計画&●ミニレッスン	わたしの脳みそ	環　境
9 10 11 12	●作家のサイクル 作家の時間の基本的なルール、運営に必要なことを改めて伝える 　　1時間のサイクル 　　　ミニ・レッスン 　　　　　↓ 　　　ひたすら書く 　　　　　↓ 　　　　　共有 ●題材集め 『天才えりちゃん金魚を食べた』 ●題名の工夫 ●書き出しの工夫 ●作家の椅子 ●読み直し→読み聞かせ ●アドバイスし合おう ●「　　　」が得意な人リスト ●太った質問、痩せた質問 ●自分図鑑 ●修正について ●校正について　一つずつチェック ●いろいろな原稿用紙の使い方 ●あとがき ●前書き 『だめよ、デイビット』 ●さまざまなジャンル ●動物絵本作り 『どうぶつえんガイド』	2学期から、カタカナ・漢字の学習が始まるので、作家へのさらにステップアップとして、学習を進めていく。 （吹き出し）低学年はピアカンファランスはなかなか難しい　常にモデルを示しつつあくまでカンファランスの補助として 質問によって、作品に気付きが生まれること 修正・校正にあたって、自分で自分の作品を声に出すことはとても大切！	
1 2 3	●詩を書こう 『のはらうた』 ●いろいろな文末表現 ●擬音語・擬態語 『おまえうまそうだな』 ●比喩　たとえば、〜のように 『スイミー』 ミニレッスンは 子どもの様子をみて、同じものを提示のし方（絵本・子もの作品など）を変えながら、繰り返し行うことがある。 ●いろいろな視点から題材に 『ぼくのうちに波がきた』 ●アーノルド・ローベルの作家の技 『お手紙』 『ともだちからともだちへ』 ●お手紙書こう！ ●手紙の書き方 ●出版のおいわい		

3 時間を確保する

　年間計画をさらに細分化していきましょう。週当たりに何時間読書家の時間を確保できるかによって計画も変わってきますが、前述したように、読書家の時間を低学年は週3時間、高学年は週2時間を継続するということが理想です。

　週1時間ずつ行うと年間約35時間となりますが、「自立した読み手を育てる」という目的で読書家の時間をするのであれば、35時間では絶対に足りません。そもそも週1時間ならば、低学年のいわゆる「図書の時間」と変わりません。

　読書家の時間は、いわゆる「図書の時間」とは根本的に違うのです。「図書の時間」にしても「朝の読書の時間」にしても、子どもがそれぞれに読んでいるもののなかで読む力をつけるための指導に重点が置かれることは少ないですし、その時間以外で、子どもたちが主体的かつ自立的に読んでいけるように教えることもほとんどありません。

　読書家の時間では、子どもたちが授業時間以外も継続的に読んでいけるように教えていくので、継続した時間の確保が必須となります。たとえ週2時間を確保していても、行事などで読書家の時間が週1時間になった時には、子どもたちは「あれ？一週間前何やったっけ？」とか「なんか、忘れちゃったから、たくさん戻って読んだ」と言っていました。

　もちろん、読書家の時間のない時でも日常的に読むことができる子どもたち、生活に本を読むということを取り入れるような子どもたちになってもらいたいのですが、年度の初めなど読書家の時間がまだ軌道に乗っていない時などは、週1時間では明らかに子どもたちのやる気も停滞してしまいます。せっかくのカンファランスや共有の時間での気付きや学びも活かしにくく、定着もしにくいのです。

　教師が最初の授業で読書家の時間についての説明し、「読むことを大切にしていきたい」というメッセージを発信したとしても、週1時間では残念ながら教師側の想いが浸透することはないでしょうし、立ち消えてしまいます。

　週1時間と週2時間の差は、「半分の効果」どころではなく、「自立的に継続できる読み手になれるかなれないか」の成否を分けるだけの大きな差となります。優れ

た読み手として日常的に読むことができるということを目指している以上、それ相当の時間の確保が必要だということです。週2時間ないし3時間を読書家の時間として行うという理由はここにあります。★2

4 年間計画の調整

　理想の年間計画は立てたあとは、実際に行うミニ・レッスンの内容やその順番、絵本選びなどの具体的なことに入ります。これらは、子どもたちの様子を観察しながら、加えたり、削ったり、入れ替えたりしながら行います。特に、授業中の子どもたちの様子、それまでの読書経験、読み聞かせをしている時の様子、本の選び方、好きなジャンル、読む力、子どもたちや保護者を対象にした簡単なアンケートなどから計画を調整していきます。

　実際に読書家の時間を進めながら、必要な場合には、同じことをねらいとしたミニ・レッスンを異なる方法や扱い方で繰り返し行ったりもします。年間計画のユニットの変更はしなくても、当初の計画通りに進むとは限りません。用意しておいた絵本や本と違うものを使ってもよいのです。

　また、選書については、もともとは予定していなかったことでも、子どもたちの選書する様子を見たり、カンファランスで「○○ちゃんがいいって言ってたから読もうと思ったんだ」という発言を尊重して、「いろいろな人のおすすめの本──今読んでいる本を教えて」というミニ・レッスンを急きょ行ってもよいのです。

　過去の事例における比較的大きな変更といえば、ブッククラブを当初予定していたのとは違う時期に変更したことが挙げられます。また、3学期に予定していたブッククラブの準備として、2学期に考えていたプレ・ブッククラブの時期も最初の予定から少しずらしました。その結果、「もっと読書ノートを書きたい」と言う子

---

(2) 作家の時間でも同じでしたが、週1時間では授業以外の時間に書く子はほとんどいませんが、週2時間以上の実践をし始めると授業以外に書き出す子どもが急に増えてきます。わずか1時間の違いですが、その1時間が、本物の作家や本物の読書家と自分を位置づけて自ら行動を起こすかどうかの分岐点になっています。

どもたちからの希望もあり、読書ノートのミニ・レッスンを1回増やしたこともありました。

　このように実際に動き始めると、様々なことが起きて変更や修正が必要になります。しかし、変更や修正があっても、「逆さま計画」のなかでユニットという単位で考えて計画さえ立てれば大きく軸がぶれることはありません。

　読書家の時間では、年間計画を見直したり、修正したりしながら、目の前の子どもたちをしっかりとカンファランスし、年間計画に反映させていくことがとても大切なこととなります。子どもたちを置き去りにした（子どもたちの存在を無視したり、子どもたちに必要のない）年間計画を立て、それを修正することなく行う教育活動がよいとは言えないからです。その意味では、教科書をベースにした年間計画を見直す時に来ているとも言えます。

　指導要領や教科書を含めて、押さえたいことや押さえるべきことをしっかり押さえながら子どもたちの読む力をつける授業をするためには、年間計画の作成はとても重要です。年間計画があることで、子どもの状態に柔軟に対応できるだけの軸が確立し、教材（読む本）を子どもや教師が主体的に選び、読み、考え、学ぶことができるようになるのです。

第10章 教師の変容

　2011年夏、読書家の時間を行っている教師に、読書家の時間に取り組む前の自分、変わろうとする自分、変わってからの自分など、変容をテーマにインタビューを行いました。この教師は、読書家の時間に出合ってから4年半、実践を行うようになってから3年以上が経っています。もちろん現在も、読書家の時間の可能性を探求しながら実践を続けています。

Q　読書家の時間を始める前は、どんな授業を目指していたのですか？
A　結構、「研究」はしていましたよ。教材研究や教え方に多くの力を割いていました。
　教科書の教材から、子どもたちにどんなことを読み取らせたいのかを具体的にしていき、子どもたち全員がそこに到達できるように、発問やワークシート、本時の目標を考えていました。教材文をどのように読ませたら子どもたち全員が本時の目標に到達できるようになるのかと、私のほうでより良い読み方を考えて、子どもたちに「こうやって読みなさい」と投げかけるわけです。子どもたちも、それに逆らうことはなく、みんな私の言う通りにやってくれました。
　教師経験はまだ浅いですが、初任者の頃と比べると、そのような一斉指導のやり方にも慣れてきていました。子どもたちも一生懸命学習しましたし、感想文など、なかなかよいものがたくさんできました。
　つまり、教材をどうやって教えるかについては、結構「研究」していたというこ

とです。自分でどうやって教えるかを事前にすべて決めていたので、もし子どもが勝手なことを始めてしまったら、私が練りに練った流れ通りに子どもが動かなくなり、それでは自分の教材研究が活かせないことになってしまいます。今考えると、自分が準備していたことを活かすことが中心になっていたように思います。しかし、これだと最もがんばって学んでいるのは私自身だったということになります。

　子どもたちは、私が決めたレールに従って動くことになります。「主体的に学ぶ」という言葉がかなりもてはやされていて、自分も大切だと思い、子どもたちが主体的に学ぶためにはどうしたらよいかについて、一生懸命「教材」研究もしましたが、教材のなかにその答えを見つけることはできませんでした。なぜなら、私にとっての教材研究は「どうやって教えるか」であり、その時点で「教師が教える」ということに力点が置かれていて、「子どもが学ぶ」ということに力点が置かれていなかったんです。「子どもがどうやって学びたいか」とか「子どもが何を目指しているか」なんて、自分の教材研究の範疇にはなかったんです。

　国語は本来、読む能力を育てたり、読むことを通して考えを広げたり、深めたり、伝えあったりすることが目標であるはずです。学習指導要領にもそのように書かれています。しかし、自分のやってきた国語は、明らかに国語の教材文を読み解くだけでストップしていました。「ごんぎつね」なら、ごんや兵十の関係や心情を理解して読めていればいいというような学習で止まっていました。

　本当は、教科書の教材文の理解に終わらず、授業で身につけた力を使って自分で読書をすることが大切なはずです。ところが、一生懸命に教材研究をして教えたのに、子どもたちは学校以外の日常生活で本を読みたいと思わない。ましてや、読書によって自分の考えを広げたり、深めたり、伝えあったりできるという実感などはもてるはずがない。教材文の内容さえ読めていればいい、書かれていることが分かってさえいればいい、授業のなかで発表ができていればいい、感想を書けていればいい、というふうになり、気付かないうちに教材文や授業のなかだけに子どもたちの活動を限定してしまっていたように思います。読む力をつけるはずの国語を、教材文を理解するための国語にすり替えていた、と言えるでしょう。

　振り返ると悔やまれることですが、学習したことが日常生活に反映されていなくても、それは子ども自身や家庭の責任であって、教師としての自分の仕事は教材文

の理解さえできるようにすれば十分合格だと思っていました。教材文を教えたのだから、日常の読書において読む力がついていようがついていまいが私には関係ない、という授業だったのかもしれません。

Q 読書家の時間は、すぐにできるようになったのですか？
A 読書家の時間との出合いは、その実践の土台になった『リーディング・ワークショップ』という翻訳本でした。これに出合う前に、『作家の時間』の土台になったライティング・ワークショップについて学んでいて、この学び方はすごいと思っていました。

　自分たちで書く題材を選ぶところから始まり、下書きを書いて何度も修正し、そして出版に値すると思ったものを校正して出版するというシンプルなサイクルを繰り返し続けていく。子どもたちが自分で題材を選択するので、書きたいという意欲が従来の作文の授業とはまったく違いましたし、子どもの個性が光る作品が面白いなあと思いました。子どもの意欲を引き出すこの学び方に、「読みのバージョン」があれば興味がそそられますよね。それを学ぼうと思って、リーディング・ワークショップの世界に足を踏み入れました。

　そこから、『リーディング・ワークショップ』を読みながら実践をしてみようと思ったわけです。理解の助けになったのは、一緒に実践している仲間がいたことです。仲間同士で、「これはこういうことじゃないか？」とか「ここはとても大切な部分だね」とか、細かく意見を交わしていったことが大きな助けになりました。

　しかし、『リーディング・ワークショップ』に書かれていることを実践し始めると、「この学び方でどうやって子どもたちに単元目標を身につけさせようか」と考えてしまい、やはりこのような学習の仕方はあわないと思うようになっていきました。

Q あわないと思ったという部分を、少し詳しく教えていただけませんか？
A 国語の多くの時間を「ひたすら読む」として、ただ本を読むことに時間を費やしていくなんて、初めはあまりよいことには思えなかったのです。教室は静まり、子どもは集中して本を読んでいることは分かるのですが、自分のやることと言った

ら、子どもが本を読んでいる横にいって少し会話をしたり、自分も本を開いて、教師も読書している姿を見せたりすることぐらいです。あとは、何を読んでいるかメモを取ったり、子どもたちの読書ノートを介してコミュニケーションをとったりしていました。

　その結果、教師らしく黒板の前に立って発問したり、子どもが挙手をして答えたりするような授業は少なくなっていきました。すると、今までとは異なるスタンスで教室にいるので、私自身がなんだか落ち着かなくなってきたのです。「子どもたちにちゃんと授業をしなくていいのかなあ」と、ぼんやりとした不安感が募ってきました。

　この時、私は『リーディング・ワークショップ』を読みながらも、その教え方をしっかりとは理解していなかったように思います。リーディング・ワークショップと一斉指導を比べると、どちらもしっかり教えるのですが、その教え方が違うのです。

　一斉指導は子どもたち全体に対して行います。単元の目標に沿って、学力が平均程度か少し苦手の子どもを想定して全体に向けて教えることが多いと思います。それに対してリーディング・ワークショップでは、全体に向けて短時間でミニ・レッスンをしますが、授業の中核を占める部分は、その子どもの読みの状況や目標に応じて個別か少人数のグループに教えていくカンファランス（子どもたちは「ひたすら読む」）の時間です。

　一斉指導は一見効率のよい教え方ですが、一部の子どもたちの進度にあわせているので、ほかの子どもたちは自分の力を十分に発揮することができないか、もしくは学習についていけなくなります。リーディング・ワークショップの教え方は、一人ひとりの学習の様子を見ながら、一人ひとりにあわせて教えていきます。その子どもの読む力や目標、好きなことや最近経験したことにあわせて短い時間で助言をしていきます。

　当時の私は、教えるということを「子どもの前に立って話すことだ」と勘違いしていたので、「ちゃんと一斉指導をしなくていいのか」という感覚になったのだと思います。この感覚を打ち払い、リーディング・ワークショップの教え方を、自分のものとして「読書家の時間」と銘打って実践していくことにかなりの時間がかか

ったように思います。

　そんななか、ともに学ぶ仲間から刺激を受けてブッククラブをやってみようと思い、様々な絵本を4冊ずつ、一人1冊ずつ手に取れるように揃えてみました。一斉指導ではないので、教師は各グループを巡回することができます。そのおかげで、子どもの様子をよく見ることができるようになりました。あるグループをのぞいてみると、絵本の挿絵について話し合っていましたが、その話し合いが国語の学習の話し合いには思えなかったのです。あまりに稚拙というか、主題とは関係ない小さな挿絵について、無意味に話し合っているように見えました。その様子が、私としてはとても納得がいきませんでした。

　リーディング・ワークショップで子どもが育つと信じきっていたので、その姿にかなりショックを覚えたのも事実です。一斉指導を減らしたために迷いが深まっていた私は、「やっぱりこれは、しっかり全体に向かって教えていないからだ。子どもたち全員に同じことをしっかりやらせなければだめだ」と感じ、自分のスタンスであったいつも通りの教科書による一斉指導に戻っていったのです。

Q　一斉指導に戻ってどうでしたか？
A　一斉指導に戻ることで、一気に気が楽になりました。指導書を見れば、どのような流れで授業を行っていけばよいかが書いてありますし、子どもの活動を指示することによって、とりあえずは自分の望むようなことを子どもたちは始めます。自分の考えている通りに子どもが動くことが安心で、迷わなくてもいいんだと思って楽になれました。それに、自分はちゃんと仕事をしているんだという気持ちにもなれたのです。

　振り返ると、この感覚には矛盾があります。私たち教師は、子どもたちのために仕事をしているにもかかわらず、実際は自分が安心するために仕事をしてしまっています。教師という仕事の成果を、子どもたちの姿ではなく、ただ自分の姿のなかから探そうと思っているところに矛盾があるのです。落ち着いて考えればすぐに分かることですが、それに気付かないようにしている自分がいたように思います。

　子どもたちにとっては、いつもの授業に戻ったわけです。それほど何か目立った反応をしたわけではないですが、一部の子どもが、「どうして好きな本を読む時間

がなくなっちゃったの？」と聞きに来ることがありました。

Q では、読書家の時間の学びや実践はいったんやめてしまったのですか？
A リーディング・ワークショップについて学び始めてから1〜2年間は、半年に一度ほどイベント的にやってみることが多かったです。でも、確信をもって読書家の時間を実践をしている仲間が教えてくれる子どもたちの活き活きとした姿の話を聞くと、自分もこの教え方を捨てられずにいました。

　自分のなかにあった矛盾には気付き始めていましたが、やはり継続的に行うことはできずにいました。自分が忙しくなってきたり、子どもの姿を見て自分のなかに迷いが生じてきたりすると、今までやり慣れている一斉指導やそれに近い形式の授業に戻ってしまっていました。教師が教えたという実感のある授業は、自分にとって安心できる授業だったのです。でもそれが、子どもたちにとっての学びやすさとはかけ離れているということは分かっていました。目をそむけていたのです。

　今、振り返ると、リーディング・ワークショップで学んだことを、時折、イベント的にしか実践できていなかった期間は必要だったと思います。試し試しにやっていって、様々なことを確認しながら進んでいく時期だったのではないでしょうか。でも、その当時はとても辛かったです。この教え方に自信がもてなかったし、一斉指導の問題点にも気が付いていたし、どちらを行ってもいつも頭の片隅に迷いがあるような状態でした。

　勤務していた学校は、それほど横並びの意識が強いわけではなかったのですが、それでも不安な気持ちになっていました。自分だけが勝手なことをやっていたら、仲間の先生たちにどう思われるのか、協力してやっていこうとする雰囲気を壊しているのではないか。何か自分が仲間の先生から助けを得たいと思ったとしても断られてしまうのではないか。校長はどう思うのか、保護者はどう思うのか、評価は、成績は、時間数は、教室環境は……。続けられない理由はいくらでも挙げることができたのです。自分に都合のあうように、いくらでも。

Q そんな状況のなかで、読書家の時間に真剣に取り組んでみようと判断をしたのはなぜですか？

A　その年は研究授業があり、毎年のことながら研究色の濃い日々となっていました。研究のテーマは「主体性」。研究授業ということで、どんな学習が子どもを育てるのかを日々熱心に考えていました。

　子どもが主体の授業を考えていましたが、授業の結果から考えると、教師が題材を選び、学習の課題が子どもたち全員の話し合いから出たとしても、それを牽引するのは教師、学習方法を提示するのも教師というように、子どもは主体性をもっている「つもり」の学習になっていました。つまり、教師が提示した教材について一生懸命話し合う授業を「主体的な学習」ととらえていたのです。

　表面上で言えば、よい授業だったと思います。「主体的に学ぶ」ような風景だけは見えるわけですから。しかし、実際のところは教師が引っ張る授業でした。主体的に学んでいるとは言えない状況でしたが、主体的に学んでいると声高に掲げている自分がいました。

　それと同時に、クラスが荒れたような状態になりました。子どもたち全体が、深く考えることを拒否し、表面上の意識だけで思考して、心を傷つけられないように第三者の侵入を拒んでいるように見えました。多くの子どもが欲求のまま行動することで、意志を隠し、自分の身を守っていたのです。

　いったい、何から身を守っていたのでしょうか。多くの子どもは一部の荒れを促す子どもから身を守っていたのですが、それでは、荒れを引き起こす子どもは何から身を守っていたのでしょうか。今考えると、まさに学校や教師から身を守っていたように思えます。
「やりたいことが何もできない」「先生たちは命令しかしない」「こんな所にいたくない」というようなことを言っている子どもたちがいました。その言葉は、「主体性」を育てるどころか子どもたちのやりたいことが実現できない学校、子どもたちの腕を縛りつけて、学校の言うことを聞かせるということを象徴するようなものでした。

　しかも、そんな子どもたちが現実にいるにもかかわらず、「主体性」のある授業をしていると自分はアナウンスしているわけです。表面上のクラスと子どもたちの心の中があまりにも乖離していて、自分のやっていることの意味がまったく分からなくなりました。

子どもたちは、声にしなくてもこう言いたかったのだと思います。
「先生たちは、授業では一方的に教え続け、テストの丸をつけたり成績表を書いたり、そんなことばかりに時間をかけているけれど、本当にそれでおれたちが成長できると思う？　おれたちのことをまったく分かっていない。おれたちはただやりたいことがあるだけなんだ。ただ、それだけなのに」
　もう、あんなにもがき苦しむ子どもたちの顔を見たくない。塾でも家庭でも苦しみ、学校に救いを求めても、少しもやりたいことができないという現実。子どもたちが自分の願いをかなえられる学校ってなんだろう。学習をやらせるのではない、主体性があるように見せることでもない、子どもたちが主体的に学び、自分自身の目標に近づいていける学習とはどんなものなんだろう。子どもたちが6年間、笑顔で「学校は楽しい」と言える学習とは何だろう。それらを考えると、今自分の知っているもののなかで最もその答えに近いものが、リーディング・ワークショップのなかで描かれている学び方・教え方のなかにあるように思いました。
　もちろん、リーディング・ワークショップを土台にした読書家の時間を行うことで、すべてが解決し、楽園のような場所が出現するわけではありません。でも、子どもがやらされていると感じてしまう学習よりも、一人ひとりの子どもたちのやりたいことが大切にされる読書家の時間に、私はもう一度チャレンジしたいと思うようになりました。
　そう言えば、そんな子どもたちでも、不思議と本を読んでいる時は静かに集中して読んでいました。自分のペースで誰にも邪魔をされることなく、好きな本をじっくりと読める時間を子どもたちは大切にしていたのかもしれません。そういう、心穏やかに過ごせる時間を求めていたのかもしれません。

Q　読書家の時間を改めて始めてみて、感じることはありますか？
A　私は彼らを卒業させたあと、また新しく出会った子どもたちと学習を始めました。もちろん、たくさんの本とリーディング・ワークショップを土台にした「読書家の時間」の経験をふまえてです。うまくいかないこともたくさんありましたし、今でもまったく十分ではないのですが、それでも一つ言えることは、すべての子どもは私たち教師が気付かない無限の可能性をもっていて、子どもたちが学習をする

たびに、そこから滴り落ちて輝く「その子らしさ」を見せてくれるということです。教科など関係なく、すべての活動で「その子らしさ」を見ることができます。

　教師が見たい部分だけ見られるように子どもたちが選択する機会を奪って、教師が指定した学習だけをやらせたり、主体性をもってやっているように見せかけたりしていたのでは、子どもは教師の都合にこたえるだけで、教師が望んでいるような姿しか見せてこなくなります。そして、教師のほうも子どもの見たい姿しか見えないようになってしまいます。その分、教師は安心できるんですよね。自分の期待通りの姿しか見えないわけですから。

　でも、そこで少しずつ歯車が狂っていき、無理が無理を呼び、嘘が嘘を呼んで、かわいそうな子どもたちが出てきてしまう。先生の期待にこたえられず、先生の見たい姿を見せられない子どもたちが出てきてしまうのです。もう、そんな学習はしたくないと思います。

　振り返ると、ブッククラブの話し合いが満足できないという前に紹介したエピソードは、まさに自分の見たいものという意識が強すぎて、子どもたちのそういう姿をしっかりと受け入れることができなかったのだと思います。そして、目を逸らすことのできる一斉指導に逃げ込んだ、のだと。もちろん、最初は話し合いが上手でないのは当たり前です。それでも、ユニークでよい姿があったにもかかわらず自分の心が閉じていたので、そのようなところには目が向かなかったのだと思います。

　形だけやることが大切なわけではありません。ブッククラブの事例から分かることは、見たい姿だけ見るのではなく、子どものありのままを全部受け入れて、子どもたち自身が今よりもさらに目指す姿に近づけるように、助言したり繰り返しチャレンジできるようにしたりすることだと思います。技術よりも、子どもを信頼することや、教師が学び方のモデルを示すことが大切な気がします。

　いい話し合いをさせたいという自分の余計なフィルターがなかったならば、きっとブッククラブが上手でなかったあの子どもたちも、もっと褒めるところが見つかったと思います。また、あの子どもたちの気持ちを伸ばす適切な助言は何だろうかと考えられたと思います。繰り返しチャレンジできるようにして、自分たちが伸びていく楽しさが分かれば、もっと読むことが好きになっていたかもしれません。

Q では、読書家の時間とは何なのでしょうか？
A 読書家の時間は、子どもたちの「その子らしさ」をありのままに受け入れられる素地をもっているだけでなく、子どもたちが自分で読む力をつけていくことができる教え方・学び方であると思います。自分のやりたいことが実現できて、それを教師が一緒に手助けしてくれたり、自分の願いに近づける助言をくれたりする。実現できたことを、クラスの友達が一緒に喜んでくれる。そういったことが可能なのです。

読むことを通じて、その子どもが「その子らしく」学習することができる。教師も授業をするたびに、新しく見えてくる「その子らしさ」を「ありのまま」受け入れることができる。自分のペースで無理なく気持ちよく学べて、読む力をぐんぐん育てることができる。

「その子らしく」学ぶ、「ありのまま」を受け入れるという関係が根底にあるからこそ、読書家の時間は子どもが読む力を思う存分発揮することができ、それにあった環境をつくることができるのです。

1時間以上のロングインタビューになりましたが、この教師は疲れを見せることなく、教師としての自分史の一部を語ってくれました。この教師はこれからも、自分の読書経験や様々な子どもたちとの出会いによって進化し続け、いろいろな挑戦を試みていくことでしょう。おそらく、うまくいかないことや悩むこともあるでしょうが、そのたびに彼の読書家の時間は進化していくことでしょう。

彼自身の変容の歴史は、彼が挑戦を続けてきた証しでした。そのプロセスを経て、彼だけの読書家の時間を形作ってきたのです。読書家の時間に「教科書」はなく、それを実践する教師の数だけ、目の前にいる子どもの数だけ、読書家の時間は存在すると思います。

「流れる水は腐らない」という言葉があります。「学ぶもの」についても「学び方」についても探究し続けることが教師の職責です。この教師のように、変化することを恐れず、子どもたちにとって価値あることを実践し続ける姿勢で子どもたちの前に立ちたいものです。この教師との対話を通じて、子どもたちに一番に伝えたいことは、まさにこの「自立的な学び手」としての姿勢なのだと確信しました。

コラム⑥ 子どもの変容
──教師が変わることで子どもが変わる（2年生）

　私は、以前から「読書へのアニマシオン」を計画的に行っていました。読書へのアニマシオンの「読めない子を読める子へ」という考え方がよいと思い、また、子どもたちが読む力をつけるための「作戦」と称される活動を、子どもには「遊び」と提示することも気に入っていました。実際のところ、作戦はとてもよく考えられたもので、ねらいが明確であり、子どもたちが楽しんで本を読む様子が見られました。作戦後には、子どもたちから自然に「早くもう一回読みたい」と声が上がりました。また、アニマシオンの、一人ひとりの意見を尊重する授業のあり方は、他の授業でも活かせるようになりました。さらに、一つの作戦に、教師が振り返りを行うことまでが含まれることについては、「授業を改善するための評価」について改めて考えるきっかけにもなりました。

　しかし、その一方で「選書を教師が行う」ことについては疑問を感じていました。作戦が成功するか否かも、この選書にかかっていました。教師が子どもに本を与え、アニマドールという立場でイニシアティブをとるという教師主導のやり方だけでは、「子どもたちが自ら本を選ぶことができるようにはならないのでは？」と思い始めました。

　そして、クラスで「先生、次は何を読んだらいい？」と、自分で本を選ぶことができない子どもたちがいたことで、私の疑問はさらに大きくなりました。また、「この子どもたちは、気に入った本や自分の好きなジャンルの本に出合えていないのでは……」と思うようにもなりました。それでも、読書へのアニマシオン以外の方法を知らなかったため実践を続けました。

　私が変わるきっかけとなったのは、リーディング・ワークショップ（＝読書家の時間）との出合いでした。この学び方に出合ったことで、「自分にピッタリあう本を自分で選べるようにする」という、今までとは違う視点をもつことができました。実践を進めるなかで、自分で本を選ぶことができない子どもの困っている顔が目に入ってきました。

教師　どうしたの？
まり　読む本が決められないの。
教師　そうか、それは困ったね。自分で本を選ぶって大変だけど、まりちゃんのた

めに、とっても大切なことなんだよ。
まり　うん。
教師　先生は本を探す時、本とお話するような気持ちだよ。絵とか題名がちょっといいなぁって思ったら、本と仲良くなるためにページをめくってみようね。最初はちょっと読みにくいなあと思う本もあるかもしれないけれど、まりちゃんは読む力があるから大丈夫。ちょっとでもいいなって思ったら、それに決めて最後まで読んでごらん。読み終わったら、先生におすすめかどうか教えてね。

　私は、選書で迷っているまりちゃんを励まし、少し距離を置きました。教師への依存心が強いことはよく分かっていたので、あえて一緒に選ぶことをしませんでした。ほかの子どものカンファランスをしながら、まりちゃんの様子には気を配っていました。こちらを見て助けを求めているような時もありましたが、子どもの力を信じ、そのままうなずき「自分で探してごらん」という気持ちで本棚のほうを指さしました。
　しばらくすると、本を選んで、読み始めているまりちゃんの姿がありました。その時間の最後に、「自分で選べたね、立派だねぇ」と声をかけました。
　その後も実践を続けながら、私は、読書家の時間がほかの方法とは違い、一人ひとりが自立した読み手となるための丁寧なアプローチの仕方だと実感するに至りました。読書家の時間で読むことを学んだ子どもたちが自立した読み手へと成長していく姿から、その可能性を信じることの大切さを学びました。そして、教師自身が変化を恐れずに、子どもたちにとって価値があると判断したことを実践することが、最終的に学びの主体である子どもたちに読み手としての成長をもたらすことを実感しました。

あとがき

ここから　はじまる

　ほかのページよりも大きめの文字で書かれたこの言葉（61ページ）で、『ほしをめざして』という絵本は終わっています。本書の執筆を終了するにあたって、私たちも同じような気持ちになっています。
　『ほしをめざして』の主人公は、この言葉の少し前のページ（59ページ）で、

　　　　そして、これは　ぼくの　たび。
　　　　ぼくだけの　かけがえのない　たびなんだ。

と語っています。

　教師の数だけ教室があり、そのありようは様々です。しかし、共通しているのは、子どもにとっても教師にとっても、教室は学びの旅を続けるためのかけがえのない場所であり、新たな旅へと出発するためのスタート地点でもあるということです。また、子どもたちと学びの旅をしている教師も多様です。公立・私立など環境も違いますし、教師の年齢や経験も異なります。教室が荒れている場合もあるでしょうし、こなさなければならない業務に追われている時もあるでしょう。
　私たちプロジェクト・ワークショップの教師たちも、様々な教室でいろいろな時期を経験してきました。大変な時もありましたが、それでも学びたい気持ちと知的好奇心に満ちた子どもたちにこたえ、一人ひとりの多様な可能性を拓き、育てていきたいという思いから、本書で紹介したような教室をつくってきました。
　そして、今、「ここから　はじまる」ことを、次に挙げるように夢見ています。

- 両隣のクラスの先生も、読書家の時間に興味をもってくれて、自分で集めてきた本を廊下に置いて、学年で共有して使っている。ほかの先生も新たな本を随時加えてくれるので、本のジャンルが広がっている。子どもたちの間でブームになっている本や、子どもの成長が、教師間において楽しい話題となっている。

- 同僚や保護者との「大人のブッククラブ」が日常的に開かれている。時には、いろいろな学年の子どもが一緒に参加して、ともに学びあうこともある。

- 教室の中、学校の中は、一人ひとりの子どもたちが自分たちのよさを存分に発揮でき、失敗を恐れることなく、安心してチャレンジできる雰囲気に満ちている。そのなかで、子どもは、人を思いやり、自立し、成長している。

- 学校中のいろいろな教室や廊下など、子どもがアクセスしやすい所に本や本の紹介文などがある。

- 読書ノートは子どもの宝物。そこに書かれていることは、国語の学びだけに限定されることなく、他の教科の学びや日常生活にも活かされている。

- 子どもたちも先生も、みんな本が大好き。本について話すことも、新しい本のことを知るのも大好き。そして、教師たちは教えることも大好き。

　これらは、手の届かない理想に聞こえるかもしれません。しかし、本書で紹介してきたように、このような教室や学校が芽生え始めているのは確かです。上記のような教室や学校をつくることは可能なのです。十分に手の届く夢だと思いますし、取り組み甲斐のある夢だとも思っています。

　このような夢は、恵まれた環境の一部の教室だけに限定されたものではありません。なぜなら、読書家の時間は、どんな環境のどんな教室でも、またどんな経験の教師でも取り組むことのできる教え方だからです。現在の立ち位置から、まずできそうなことから「初めの一歩」を踏み出してください。そして、初めの一歩を踏み

出した時、そのことをぜひ誰かに話してみてください。

　読書家の時間では、子どもたちが自分の解釈を友達と共有することで友達から別の視点をもらい、新たな読み方や理解を得ることができます。教師も同じなのです。初めの一歩を踏み出したあとに、実践を記録し、同僚と共有することでよいアイディアや励ましをもらうことができます。そして、自分の実践を吟味して、次のステップを考えることができるようになるのです。
　本書の執筆も同じで、これまで紹介してきた読書家の時間の学び方をそのまま行う形で進めてきました。一人の実践をみんなで読み、真似をしたり、修正案を提案したり、あるいは人の実践を見て自分の実践を修正し、それをまたみんなに伝えるといったサイクルを繰り返しながら、一人ではできないものをつくってきました。
　その根底には、私たちはかけがえのない学びの時間を、本当に子どものために使えているのかという大きな問いがありました。そのおかげで、今、私たちは「ここから　はじまる」という地点にいるのかもしれません。

　本書を手にとってくださり、この教え方・学び方に興味をもってくださった方には、本書とあわせて、『リーディング・ワークショップ』、『「読む力」はこうしてつける』、『読書がさらに楽しくなるブッククラブ』（いずれも新評論刊）をおすすめします。『リーディング・ワークショップ』は、「はじめに」でも触れたように私たちの実践の土台になっており、本書の執筆にあたって何度も読み直した本です。

　読書家の時間では、子どもたちは本に没頭し、本に夢中になっている姿をよく見せてくれます。そのような子どもたちの写真の掲載をご許可くださった保護者の皆様に、この場を借りて御礼申し上げます。また、本書54〜55ページでの保護者からの手紙は、子どもの名前も実名のまま掲載することをご許可いただきました（その他の箇所は、子どもの名前は変更しています）。御礼を申し上げます。
　それぞれに自分らしさを輝かせる子どもたちの姿に励まされて、私たちはここまでの旅を続けることができました。その子どもたちと、保護者の皆様からの励ましに深く感謝しています。

『作家の時間』を出版する際にも、私たちの原稿を丁寧に読み、貴重なご助言をいただきました新評論武市一幸氏は、今回の『読書家の時間』でも、前回と同じく私たちの拙い原稿に併走してくださり、本書の出版を実現させてくださいました。心より御礼申し上げます。

　皆様のおかげで、さらなる夢と展望をめざして「ここから　はじまる」旅が今、始まります。

　2014年　3月
プロジェクト・ワークショップ

資料1 **読書家の時間 Q&A 集**

Q 週に１時間だけしか時間が確保できない場合、効果は期待できませんか？
A 週１時間でも、ぜひ取り組んでほしいと思います。例えば、週１時間でも図書の時間などを使って、本書に書いているような教え方・学び方を始めることはできます。子どもたちが本に夢中になれる環境をつくり始め、一人ひとりの読書生活をサポートしていけば、そこから何かをつかめるかもしれません。

　しかし、学校での読む時間の確保はとても大切な問題です。第９章「年間計画」で説明しているように、週に１時間だけ取り組んでもあまり効果は期待できません。ですから私たちは、数か月の限られた期間であっても、まずは週に２時間以上を確保して取り組んでみることをおすすめしています。そうすることで、子どもたちに及ぼす効果も、子どもたちが読書家の時間を楽しみにする様子も感じられると思います。

Q 同学年の先生や管理職や保護者に理解してもらうにはどうしたらいいですか？
A 対話を大切にする読書家の時間を行うのであれば、やはり教師同士も対話を大切にして、協力体制を築いていきたいものです。読書家の時間にかかわることは何でも、自分のクラスだけに限定するというような閉じた活動にはしたくありません。私たちは、経験上、孤立した実践を一人で頑張り続けることには無理があると感じています。

　第２章「読書環境をつくろう」で具体的な方法を説明しているように、同僚、管理職、保護者に対しては、それぞれの考え方を尊重しつつも、積極的に対話を始めることが必要です。その際、「消極的に理解してもらう」よりも、むしろ「積極的な協力者」と位置づけ、ともに「子どもの学び」を中心にした教育にあたりたいと考えています。

　理想的な話に聞こえるかもしれませんが、私たちも少しずつ理解や協同の道を開いてきました。そのためには、普段から教室内で起こっている学びを開示し、相手

との接点も視野に入れながら夢や目標や課題のやり取りをしていく、まずここからスタートしてみてはいかがでしょうか。

Q　子どもが選んだ本にNGを出すことはありますか？　それはどういう場合ですか？

A　中学年をもった時にクラスで怪談系の本が流行したことがあり、「それは家で読んでね」と伝えたことがありました。また、一概には言えませんが、原作がマンガの小説版も「家で読んでね」と伝えています。「何がよくて、何がだめ」という線引きはとても難しいのですが、私たちとしては、読み継がれてきた名作や秀逸なノンフィクションなどと子どもたちが出合う場をつくっていきたいと考えています。

　その子どもの到達度や興味・関心もあるかと思いますが、教師は子どもたちが読んでいるものに目を配り、その子どもにピッタリあった本や出合わせたい本をすすめていく必要があります。読書家の時間は、子どもが制限なくただ自由に読みたい本を読む時間ではないということです。

Q　本は読むのですが、読書ノートを書かない子がいます。どう指導すればよいですか？

A　読書ノートに上手に書けることが、読書家の時間の目的ではありません。ノートは、よく読めるようになるための手段なのです。「読書ノートを書きなさい」と指導すると、読書ノートを埋めることが目的化してしまい、読書に抵抗感が生まれ、読む習慣がうまく身につかないことがあります。読書ノートは、読む習慣が身につき始めてから、やっと子どもたちにもその意味が実感的に分かるようになってきます。

　しかし、子どもたちが考えたことをノートに表現することができれば、子どもの読みの実態もとらえやすくなることは事実です。また、子どもたちにとっても、読んだことを書き表すことによって思考が深まり、そして友達に読んだ本について発信する時にも役立ちます。

　子どもたちにとっての読書ノートの楽しさは、好きな本のタイトルや記述を集めていくということです。集めた本に気持ちのこもったキャプションをつけていった

り、解説を載せていったりすることで、自分だけの「読書ミュージアム」ができていきます。

　最初は、読書への前向きな気持ちだけで子どもたちは読んで思ったことを読書ノートに書くことができます。好きな本を読むと、それだけ書きたいというエネルギーが生まれてくるのです。しかし、最初はやる気に満ちた読書ノートですが、読む習慣が定着した頃に必ずなかだるみがやって来ます。読みたいという気持ちが日常化してきた証しであり、前向きにとらえます。そのなかだるみを越えると、子どもたちは本当に読書ノートのなかに楽しさや有用性を見いだしたことになるでしょう。なかだるみに入った時から教師のアイディアが必要となります。

　読書ノートは、自分の読書に関するあらゆる情報を自由に表現し、蓄えていくものです。例えば、新聞の切り抜きや本の表紙のコピーを貼り付けることもできます。また、イラストがたくさん描いてある読書ノートをつくる子どももいます。どのような特徴でも、それを続けることで自分らしい素晴らしいノートができあがります。そして、次第に読書ノートも子どもの成長にあわせて変化していきます。

　自分らしい読書ノートを一人ひとりがつくるためには、読書ノートのよい例をたくさん見せたり、カンファランスを通して教師がある程度内容を整えたりするなどの支援が必要です。小さなカードにすると気軽に書ける子どももいます。それをノートにためていくと、カードを集めるような感覚で楽しめるようです。また、ペア読書などを通じて、友達と一緒にページをつくっていく方法も効果がありました。しかし、無理な指導は読書自体を嫌いにさせてしまうこともありますので注意が必要です。そのような場合は、書くことを強制せずに、話し言葉によってアウトプットする場をつくるほうがよいと思います。

　また、学校での読書家の時間が不足していると、読書ノートに意識が向かなくなります。家庭でも学校でも読む時間が十分にあることで、初めて読書ノートに記録してみたいという気持ちが生まれるのです。読書の時間を確保することが、最大の支援となり得ます。

Q　子どもたちが熱中して読んでいるため、カンファランスで声をかけるのを躊躇してしまうのですが、どんな声かけをしたらいいのでしょうか？

A　熱中していても声をかけるほうがよいです。本に熱中している子どもたちにどうやって声をかけようかと迷うことはよくありますが、やはり声をかけないと分からないことも多いですし、話をして情報を得ることで、その子どもの役に立つ情報を与えることもできます。ただし、よく観察をしてから声をかけるようにします。何の本をどのように読んでいるかも、大切な情報になります。

　以下は、私たちがカンファランスを始める時に使っている「声かけ」の例です。参考にしてください。

　　・どうしてその本を選んだの？
　　・集中して読んでいるね。どんな本なの？
　　・たくさん付箋を貼っているね。どんなところに貼ったの？
　　・この本はどうやってみんなに紹介したい？
　　・この本面白いよね！　どこが気に入っている？
　　・最近の読書はどう？　家でも読めている？

Q　どうして、教科書教材でブッククラブが行われていないのですか？
A　教科書教材で行うのと本物の本で行うのとでは、子どもたちのワクワク感がまったく違います。ブッククラブの本を選んだあと教室は静まり返り、子どもたちはかぶりつくように本に夢中になります。「付箋を〇枚以上貼ろう」や「先を予想して読んでこよう」など、子どもたちのやりたいことも次々に生まれてきます。やはりそれは、自分で読みたい本を選択したという主体者意識が生まれるからなのです。教科書の教材にはそれがありません。

　私たちは、子どもたちが大人になってからも自分で本を選び、仲間とともに読み合い、そして読書を一生涯楽しんでほしいと考えています。もちろん、ほとんどのブッククラブは教師の選んだ本の中から選書をしてもらいますが、その目標の実現に資するためには、自分で本を選ぶという行動は欠かすことができません。

　また、ブッククラブの練習を教科書教材で行うことを考える教師もいますが、ブッククラブに練習も本番もありませんので、その必要はありません。慣れないうちは、絵本やすぐに読める短編でブッククラブをやってみるとよいでしょう。

Q　ブッククラブがただのおしゃべりに終わらないようにするには、どうしたらいいのですか？

A　私たち教師も自分でブッククラブをやってみるとよく分かるのですが、本の内容だけで話をしなければならないとなると、それは不自由さを感じてしまい、話をすることが嫌になってしまいます。大人のブッククラブでも、本の内容だけを話す人もいれば、本の内容から発展して、時事問題と関連させたり、自分の生き方と関連させたりするなど、様々な話をする人が少なくありません。とらえ方は十人十色であり、本の内容からどんなことを考えるかは自由なのです。

ですから、あるグループが本の内容について話をしていなかったとすれば、それは、どのような話から今の話につながっていったのかを把握する必要があります。子どもたちが本を起点にして真剣にその話題について話していれば、本をきっかけにしてその話題が生まれたはずですから、しっかりと見守る必要があるかもしれません。一見、私たちには関係ないような話題でも、その本を読まなければ生まれなかった話題を話しているのかもしれません。関係ない話をしているからといって、すぐに叱ることは避けなければなりません。

もちろん、本をまったく起点としていなかったり、本のテーマからは完全にそれてしまっていたりする場合もあります。その際は、グループ・カンファランスをして、話し合いが深まるような問いを一緒に考えるとよいでしょう。また、読んだことやテーマが理解できていなければ、全員が余裕をもって読んで参加できる計画を子どもたちとつくり直す必要があるかもしれません。どんな話題を準備して話し合いたいのかを、事前にカンファランスしておくことも考えられます。

モデルとなる子どもたちの会話を「金魚鉢」（116ページ参照）の方法で実際に見せることや、大人のブッククラブで会話を楽しんでいる様子をビデオで見せることで、ブッククラブは楽しいものであるということを伝えることも効果のある方法です。

また、自分たちの話し合いを振り返って、改善する機会が大切だと思います。その際に、『読書がさらに楽しくなるブッククラブ』の巻末にあるチェックシートをクラスの実態にあわせて使うとよいでしょう。

Q　本をほとんど読まない私でも、読書家の時間はやれるのでしょうか？
A　答は「はい」でもあり「いいえ」でもあります。読書家の時間では、子どもたちは「教師が知っている本」という狭い世界にはとどまりませんから、教師は自分の読んでいない本であってもカンファランスなどの指導をしていきます。（第5章103～105ページ参照）

　ですから、「はい、できます」と回答できそうですが、そうではありません。というのは、教師の本に対する姿勢や思いは子どもたちが敏感に察知するので、本を読むことに価値を置かない教師ではうまくいかないからです。しかしながら、読書家の時間にかかわり始めると教師が本好きになることが多いです。例えば、本書を読んで、事例で出てきた本を手にとったりしているうちに本の魅力を再認識するからです。

　ですから、本を読むのが好きでなくても「はい、スタートはできます」と言えます。そして、実践しているうちに本の価値を見いだせばよいのです。

資料2　「読むこと」のアンケート

名前（　　　　　　　　　）

1　本を読むことは好きですか？
　　とても好き　　どちらかといえば好き
　　どちらかといえばきらい　　とてもきらい

2　本を読むことは得意ですか？
　　とても得意　　どちらかといえば得意
　　どちらかといえば得意ではない　　全然得意ではない

3　様々な種類の本を、きちんと理解しながらスラスラと読めるようになりたいですか？
　　とてもなりたい　　どちらかといえばなりたい
　　どちらかといえばなりたくない　　全然なりたくない

4　友達と本のことについて話すことはありますか？
　　よくある　　たまにある　　あまりない　　まったくない

5　友達と本のことについて話し合うのは好きですか？
　　とても好き　　どちらかといえば好き
　　どちらかといえばきらい　　とてもきらい

6　様々な種類の本を、きちんと理解しながらスラスラと読めるようになると、どんないいことがあると思いますか？（いくつでも）

7　どうすれば様々な種類の本を、きちんと理解しながらスラスラと読めるようになると思いますか？　（いくつでも）

8　本や新聞などを読む時に、難しいことや困ったことがあったら教えてください。（いくつでも）

9　読むことについて一番いやなことは何ですか？

10　最近読んだ本のなかで最もよかったものは何ですか？

11　自分の読む本はどうやって見つけますか？

12　どのくらいの本を読みますか？　（例えば、1か月に何冊ぐらい？）

13　本を読む時間はいつですか？

14　家では本を読みますか？　特にお気に入りの読む場所はありますか？　それは、どこですか？

15　本以外に読むものにはどんなものがありますか？

16　なぜ本を読むのですか？

資料3　優れた読み手が使っている方法
（低学年用）

本の読み方をマスターしよう！

名まえ（　　　　　　　　　）

①**つながり**
　・じぶんとおなじだ、こんなことあったな
　・あの本でよんだこととにてるな　など

②**すきなところ**
　・ここいいなぁ
　・このことばいいなぁ
　・このばめんすてきだなぁ

③**「？」はてな**
　・ふしぎだな
　・ちょっとよくわからないな
　・みんなが　どうおもうか　きいてみよう
　・なんでなの？

④**どきどき　わくわく　心がうごく**
　・おもしろいなぁ
　・たのしいなぁ
　・かなしいな
　・かわいそうだな
　・ないちゃいそう
　・どきどきするな　など

⑤よそう
　・このあと、どうなるんだろう
　・たぶん　こうなるとおもうな
　・きっとこうなるよ　だって　こうかいてあるから

⑥あたまの中にテレビができた
　・おもいだした　おもいだした！
　・えはないけど　こういうことだよね
　・えはないけど　えにできるよ
　・どんなはなしだったか　おしえてあげるね　さいしょの　ばめんはね

資料4　優れた読み手が使っている方法
（高学年用）

名前（　　　　　　　　　　）

1, **つなげる（自分、したこと、他の本とつなげてみよう）**
   ・似たようなことがあるんだけど……
   ・もし自分だったら……
   ・ほかに読んだ本でね……
   ・これって、テレビで観たことのある〜と似ている
   ・この人物と自分の似ているところは〜、違うところは〜

2, **イメージする（映画みたいに思いうかべてみよう）**
   ・絵に描いてみるのも OK（イラストレーター）

3, **質問する（アタマの中に、はてなマークをつくろう）**
   ・どうして（何が）〜なのかなあ？
   ・〜が不思議だなあ……

4, **予想する（先を読むのをがまんして、続きを予想してみよう）**
   ・このあとは、きっと○○になるんじゃないかな。そのわけは……
   ・この登場人物は〜になっていくだろう。そのわけは……
   ・この本で作者が伝えたいことはきっと……

5, **大事なこと見つけ（大事な文章をノートに書き出しておこう）**
   ・なぜここが大切かというと……

6, **整理する（読んだことを分かりやすくノートに整理しておこう）**
   ・登場人物の紹介や、つながりの図を書く
   ・場面を整理する（いつ・どこで・誰が・どうした）

- 人物に降りかかった大きな出来事や事件を整理する
  （いつ・どこで・誰に・なにが起きた・なぜ起きた）
- この章で作者が一番言いたかったことは、
- ○○と○○を比べてみると〜

7, 思い直す（初めの考えにとらわれずに、アタマをやわらかくして読もう）
- こう思っていたけど、よく読むと違った
- 初めて知った！
- 予想は〜だったけど、違った。なぜ違ったのだろう？
- 話し合いで自分の読みまちがいに気付いた。そういうことだったのか

8, いい書き方を見つける（心に残る言い方や書き方をどんどん見つけよう）
- この言い方はいいなあ！
- この書き方は作者の工夫だな
- この言葉初めて知った
- 自分ならもっと違う書き方にするな
- この言い方は面白いな

9, 作家の気持ちを思いうかべる　（作家になりきって考えてみよう）
- なぜこんな書き方をしたのだろう
- なぜこんなストーリーにしたのだろう
- この書き方に賛成（反対）だ。なぜかというと……

10, 本の世界に入り込む
- 誰かが呼んでも、答えないくらい、本の世界に入ってしまおう！
- 周りの人がちょっとくらいうるさくても、関係ない！
- お話を思いきり、楽しもう！

資料5-1　ブッククラブで使えるシート1

ブッククラブで読みたい本を選ぼう（高学年用の例）

名前（　　　　　　　　　　）

本の題名	難易度	希望順	選書の理由
ねずみの騎士デスペローの物語	B		
テラビシアにかける橋	B		
愛をみつけたうさぎ	B		
秘密の道をぬけて	B		
ガラスの家族	C		
青空のむこう	C		
チョコレート・アンダーグラウンド	C		
ビーバー族のしるし	D		
モギ	D		
ギヴァー	E		

※難易度はA〜Eの5段階で設定しています。　やさしいA→C→E難しい
※「希望順」は読んでみたい順に①〜⑤を記入しましょう。（⑩まで書いてもよい）
※選書の理由は、「なぜその本を選んだか」を記入しましょう。
　（①〜⑤については必ず書く。⑩まで書いてもよい）

資料5-2　ブッククラブで使えるシート2

進め方、計画、目標

名前（　　　　　　　　　　）

1　ブッククラブの進め方

①決めた範囲を読む。気になるページをメモしたり、付箋を貼ったりしながら読む。

②話し合いの日までに、読書ノートに、あらすじや質問（浅い質問・深い質問）、登場人物の変化、自分の考え、感想などを書いておく。

③話し合う。

④話し合いのあと、振り返りを書く（本の内容について、話し合いについて）。

⑤よかった点や改善点をグループで考える。次回の予定を確認する。

※最後に、ブッククラブで読んだ本の紹介をする。

2　ブッククラブの計画

私が今回のブッククラブで読む本は『　　　　　　　　　』です。

話し合いの日	読 む 範 囲
月　　日（　　）	
月　　日（　　）	
月　　日（　　）	
月　　日（　　）	
月　　日（　　）	
月　　日（　　）	

3　自分の目標

4　グループの目標

> 資料５−３　ブッククラブで使えるシート３

ブッククラブ　話し合いのポイント

名前（　　　　　　　　　　　）

・全員が発言できるようにする。
・話す時の声の大きさに気を付ける。
・物語の謎をともに考える。
・つながりを見つける。
　①今読んでいる本と別の本を比べてみる。
　②今読んでいる本の登場人物を別の本の登場人物と比べてみる。
・協力しながら意味をつくり上げる。
・話し合いから新しい発見をする。
・作品を通して作者が読者に伝えたいこと、感じてほしいと思っていることを考える。
・どんなことでも発言でき、どんなことでも尊重される。
・「もうちょっと話してみて？」と尋ねてみる。
・みんながよく分かっていることを出しあう。
・考えの根拠を見つける。「どこでそれが分かったの？」
・好きなところはあった？
・嫌いなところはあった？
・分からないところはあった？
・自分との関連はあった？
・友達が言ったことで一番印象に残ったことは？
・この本に関して、自分にとって一番大切なことは？
・一番興味をもった登場人物は？
・誰の視点で描かれているのかを考える。
・話し合いの内容と方法を振り返り、次の話し合いに向けて改善できるようにする。

資料5-4 ブッククラブで使えるシート4

ブッククラブ振り返りシート

名前（　　　　　　　　　　）

今日の話し合いは何点？　　　＿＿＿＿＿＿点

話し合いについて	☆	◎	○	△
・決められた範囲をしっかり読んだ上で話し合いに参加した				
・友達の話を最後まで聞くことができた				
・メモをとったり付箋を貼ったりしながら読んだ				
・本にもどって話し合うことができた				

本の内容について	☆	◎	○	△
・登場人物の変化や変化した理由について話すことができた				
・印象に残る文章やキーワードを紹介できた				
・本のなかで重要な点を出し合って話すことができた				
・質問を考え、その質問について話し合うことができた				

☆…とてもよくできた　　◎…よくできた　　○…まあまあできた　　△…あまりできなかった

うまくいったこと／改善したいこと

資料6 めざせ！　読み読みマスター　チェックシート
（低学年）

　　　　　　　　　　　月　　　日　　　なまえ（　　　　　　　　　）

じぶんにぴったりあった本をえらぼう

・じぶんで読みたい本をえらんで読んでいますか？
　　□　とてもよくできた　□　よくできた　□　まだできる　□　できなかった

・むりをしないで、じぶんが読める本をえらんでいますか？
　　□　とてもよくできた　□　よくできた　□　まだできる　□　できなかった

・図書館（図書室）の本を読んでいますか？
　　□　とてもよくできた　□　よくできた　□　まだできる　□　できなかった

・いろいろなしゅるいの本（絵本、ずかん、本当の話、つくり話など）にちょうせんしていますか？
　　□　とてもよくできた　□　よくできた　□　まだできる　□　できなかった

・じぶんにあわないな、おもしろくないな、と思ったら読むのをやめていますか？
　　□　とてもよくできた　□　よくできた　□　まだできる　□　できなかった

じっくり読もう

・読んでいるときに、じぶんの知っていることや、じぶんとにていることやちがうことを見つけられていますか？
　　□　とてもよくできた　□　よくできた　□　まだできる　□　できなかった

- 読んだことのある本と、にているところやちがうところを見つけられていますか？
    - □ とてもよくできた　□ よくできた　□ まだできる　□ できなかった

- しつもんをしながら読めていますか？
    - □ とてもよくできた　□ よくできた　□ まだできる　□ できなかった

- じんぶつの気もちになって（その人になったつもりで）読めていますか？
    - □ とてもよくできた　□ よくできた　□ まだできる　□ できなかった

- つづきをよそうしながら読めていますか？
    - □ とてもよくできた　□ よくできた　□ まだできる　□ できなかった

- あたまの中に本のせかいを思いうかべて読めていますか？
    - □ とてもよくできた　□ よくできた　□ まだできる　□ できなかった

読んだことを書いたり話したりしよう

- 友だちに、読んだことについて話すことができていますか？
    - □ とてもよくできた　□ よくできた　□ まだできる　□ できなかった

- 友だちが、読んだことについて話すのをよく聞くことができていますか？
    - □ とてもよくできた　□ よくできた　□ まだできる　□ できなかった

- ふせんやノートをつかいながら読めていますか？
    - □ とてもよくできた　□ よくできた　□ まだできる　□ できなかった

読んだことをしょうかいしよう

- じぶんの好きな本について、友だちが読みたくなるように考えて、しょうかいできていますか？

☐ とてもよくできた　☐ よくできた　☐ まだできる　☐ できなかった

家でも読もう、いつでも読もう
・家でも本を読んでいますか？
☐ とてもよくできた　☐ よくできた　☐ まだできる　☐ できなかった

・いつでもじぶんのすきな本を見つけることができますか？
☐ とてもよくできた　☐ よくできた　☐ まだできる　☐ できなかった

じぶんの本の読み方でよくなったことは？

_____
_____
_____
_____
_____

資料7 小学校学習指導要領国語科「読むこと」

小学校学習指導要領国語科「読むこと」

目　標	国語を適切に表現し正確に理解する能力を育成し、伝えあう力を高めるとともに、思考力や想像力および言語感覚を養い、国語に対する関心を深め国語を尊重する態度を育てる。		
学　年	第1学年及び第2学年	第3学年及び第4学年	第5学年及び第6学年
各学年の目標	書かれている事柄の順序や場面の様子などに気付いたり、想像を広げたりしながら読む能力を身に付けさせるとともに、楽しんで読書しようとする態度を育てる。	目的に応じ、内容の中心をとらえたり段落相互の関係を考えたりしながら読む能力を身に付けさせるとともに、幅広く読書しようとする態度を育てる。	目的に応じ、内容や要旨をとらえながら読む能力を身に付けさせるとともに、読書を通して考えを広げたり深めたりしようとする態度を育てる。
各学年の内容 — 音読	ア　語のまとまりや言葉の響きなどに気を付けて音読すること。	ア　内容の中心や場面の様子がよく分かるように音読すること。	ア　自分の思いや考えが伝わるように音読や朗読をすること。
各学年の内容 — 効果的な読み方			イ　目的に応じて、本や文章を比べて読むなど効果的な読み方を工夫すること。
各学年の内容 — 説明的な文章の解釈	イ　時間的な順序や事柄の順序などを考えながら内容の大体を読むこと。	イ　目的に応じて、中心となる語や文をとらえて段落相互の関係や事実と意見との関係を考え、文章を読むこと。	ウ　目的に応じて、文章の内容を的確に押さえて要旨をとらえたり、事実と感想、意見などとの関係を押さえ、自分の考えを明確にしながら読んだりすること。
各学年の内容 — 文学的な文章の解釈	ウ　場面の様子について、登場人物の行動を中心に想像を広げながら読むこと。	ウ　場面の移り変わりに注意しながら、登場人物の性格や気持ちの変化、情景などについて、叙述を基に想像して読むこと。	エ　登場人物の相互関係や心情、場面についての描写をとらえ、優れた叙述についての自分の考えをまとめること。

資料編　229

域とリーディング・ワークショップとの比較

リーディング・ワークショップ

目標	自立した読み手を育てる（読むことが好きになり、かつ読む力を身につける。生涯にわたって読み続ける土台をつくる／練習をする。なお、読む力はほかの教科の「読み」でもつけられる）。 読むことは、考えること、理解すること、そしてそれを活用すること。
目標	・いろいろなジャンルの大量の本を、読む。 ・自分にあった本を選んで読むことができる。 ・目的に応じた柔軟な読み方ができる。 ・優れた読み手が使っている理解するための、以下①〜⑧の方法を使いこなせるようになる。 ・ペア読書やブッククラブなどを通じてほかの読み手たちと、読んだことについて共有しあえる力を身につける（話し合ったり、紹介したりすることを通して、読みは深まる／広がる）。
効果的な読み方	①関連づける（自分や、他の読み物や、世界とのつながりを見いだす）。 ②質問する。 ③イメージを描く。 ④著者が書いていないことを推測する（＝行間を読む）。 ⑤何が重要かを見極め、他の人に説明できる。 ⑥様々な情報を整理・統合して、自分なりの解釈や活かし方を考える。 ⑦自分の理解をチェックし、修正する。 ⑧本や文章をクリティカルに読む（＝分析・評価する） 　これらについては、ミニ・レッスン、カンファランス、共有の時間などで繰り返し練習／活用する。
文章の解釈	フィクションとノンフィクションの文章構造を理解する。 ・ノンフィクションには、描写的なもの、手順を示すもの、説明的なもの、説得的なもの、伝記の大きくは五つの形態がある。骨組みとしては、説明的に書くもの、順序だてて書くもの、比較・対照、原因と結果、問題／解決などがある。事実と意見の違いを見極める。 ・フィクションは、中心は物語、絵本、詩、俳句などになるが、子どもたちの興味・関心にあわせて劇の台本、マンガなどもあり得る。骨組みとしては、登場人物、場面、ストーリー（はじめ〜中〜終わり）、問題／解決などがある。 ・解釈する際に最も重要なことは、個々の読み手の感想・反応・解釈からスタートすることである。それを子どもたち同士で（場合によっては教師も入って）共有しあうことで、各人の解釈・理解が深まっていく／広がっていくことになる。 ・フィクションとノンフィクションの読みに使う方法は、上記の八つの方法で共通している。

各学年の内容				
	自分の考えの形成及び交流	エ　文章の中の大事な言葉や文を書き抜くこと。 オ　文章の内容と自分の経験とを結び付けて、自分の思いや考えをまとめ、発表し合うこと。	エ　目的や必要に応じて、文章の要点や細かい点に注意しながら読み、文章などを引用したり要約したりすること。 オ　文章を読んで考えたことを発表し合い、一人一人の感じ方について違いのあることに気付くこと。	オ　本や文章を読んで考えたことを発表し合い、自分の考えを広げたり深めたりすること。
	目的に応じた読書	カ　楽しんだり知識を得たりするために、本や文章を選んで読むこと。	カ　目的に応じて、いろいろな本や文章を選んで読むこと。	カ　目的に応じて、複数の本や文章などを選んで比べて読むこと。
	言語活動	ア　本や文章を楽しんだり、想像を広げたりしながら読むこと。 イ　物語の読み聞かせを聞いたり、物語を演じたりすること。 ウ　事物の仕組みなどについて説明した本や文章を読むこと。 エ　物語や、科学的なことについて書いた本や文章を読んで、感想を書くこと。 オ　読んだ本について、好きなところを紹介すること。	ア　物語や詩を読み、感想を述べ合うこと。 イ　記録や報告の文章、図鑑や事典などを読んで利用すること。 ウ　記録や報告の文章を読んでまとめたものを読み合うこと。 エ　紹介したい本を取り上げて説明すること。 オ　必要な情報を得るために、読んだ内容に関連した他の本や文章などを読むこと。	ア　伝記を読み、自分の生き方について考えること。 イ　自分の課題を解決するために、意見を述べた文章や解説の文章などを利用すること。 ウ　編集の仕方や記事の書き方に注意して新聞を読むこと。 エ　本を読んで推薦の文章を書くこと。

（2009年3月7日　吉田新一郎　作成。表の左側は、平成20年版「小学校学習指導要領国語科編」より）

自分の考えの形成および交流	・文章を読みながら、大切と思った言葉や文や段落などに気付き、印を付けるための多様な方法を紹介したうえで、自分にあった方法を使いこなせるようにする（これは、話し合う時、感想・要約・紹介文等を書く時に使える）。 ・読むことを、個別の孤独な行為ととらえないで、ペア読書、ブッククラブ、そしてクラス全体で読んだことを紹介しあう時間を多く確保し、互いの読みを交流しあうようにする（→形成的評価として価値がある）。 ・各自で読書ノートをつけ、毎日読んだタイトルや分量、読んで感じたことや考えたことを記す習慣もつけ、それを友達や教師と交換しあう形での交流も図る（→形成的評価として価値がある）。
目的に応じた読書	・目的と選書を大切にする（これが左側の項目に挙がっているということは、教科書だけで学ぶと制限されていないことを意味する。ドンドン「本物」の本や文章を使えるお墨付き！！！）。 ・各自が設定したテーマで、ブック・プロジェクト(注)を1学期に1回（3〜4か月に1回）のペースで行い、その成果を発表しあう。
継続した実践	・読み聞かせは、低学年だけで行わず、高学年でも効果的に活用する。教師が、自分の好きな本を紹介する時間と位置づけるだけでなく、特に「考え聞かせ」は八つの方法を教える際に効果的。 ・子どもたちは、「読みたい本や文章を、読みたい時に、読む」が底辺に流れたリーディング・ワークショップを実施すれば、指導要領の内容をすべてカバーできてしまうだけでなく、八つの方法のなかには指導要領の中に含まれていないものもあるので、それ以上の効果を期待することができる。教師は、各自の置かれた状況に応じて指導要領と教科書を踏まえながら、ミニ・レッスンで教えたい／教えなければならないことを教えていく（人は、自分が学びたいと思うことしか結局は学ばないのだから、一生懸命頑張って、教科書ないし教師が選んだ教材＝創った単元をカバーしたところで、子どもたちに身につくものは「学びたい」と思う気持ちがあるかどうかにかかっている。それなら、子どもが読みたいと思うもので読む力を身につけられるようにしたほうがはるかに効果的である。要するに、子どもたちの学ぶ力を信じるアプローチがリーディング・ワークショップである）。

(注) ブック・プロジェクトは、あるテーマや作家を設定して、そのテーマや作家に関連する本を探し、読み続けて、自分なりの考えをまとめる試みのことである。これは、本物の作家や研究者はもとより、多くの大人が当たり前にしている。
※なお、右ページのリーディング・ワークショップの目標および各項目は、中学や高校、大学、さらには成人対象のプログラムとしても有効です。

資料8　読書家の時間の年間計画（6年生）

月	ユニット	ミニ・レッスン 教科書との関連
4	自分に合う本を選ぶ 学校でも家でも根気よくたくさん読む	・読むことに浸る。 ・スラスラ読む（音読）。 ・読書ノートの書き方。 ・付箋の使い方。 ・おすすめの本を紹介しあう。 　スピーチ、本の帯、本の紹介文、ポップなど ・ポートフォリオについて ・本のジャンルについて
5	フィクションを読む 友達と読む　ペア読書 読んで考えたことを友達と話し合う	・読書ノートの使い方 ・読みたい本リスト ・本を読む前にすること ・読んだあとにすること ・つながりを考えながら読む 　自分とのつながり 　本と本のつながり 　本と世界のつながり ・物語の視点について ・物語の伏線について ・変化に気を付けて読む（登場人物の成長や言動の変化、場面の移り変わりなど） 　『ずーっと　ずっと　大すきだよ』 　『いつでも会える』
6	詩を読む ミニ・ブッククラブ	・本のジャンルについて（詩、短歌、俳句） ・詩の読み方、解釈について ・一つ一つの言葉について深く考える。 ・詩人はなぜその言葉を選んだのか。 ・言葉から情景を想像する。 ・「質問する」「推測する」などの読み方を考え聞かせを通して教える。
7	ブッククラブ ブックプロジェクト	・友達と1冊の本を読む計画を立てる。 ・ブッククラブの進め方 ・よい話し合いとは ・一つの話題について長く話す。 ・読書ノートの書き方　話すことや書くことを通して読みを深める。 ・夏休みのブックプロジェクトに向けて自分のテーマを決める。 ・ブックレポートの書き方 ・1学期の読書について振り返る。
8	ブックプロジェクト	

準備・環境 使う本・道具　扱うジャンル他教科との関連	評価 子どもを伸ばす評価　自分の授業を改善する評価
・教室の図書コーナー ・読書ノート ・読みに関するアンケート ・読むことがテーマの本 　『オオカミだって』 　『よめたよ、リトル先生』 　『本なんてだいきらい！』 　『世界は一冊の本』 　『ありがとうフォルカー先生』 　『エリザベスは本の虫』 　『絵かきさんになりたいな』	・自分にぴったりあう本をすぐに見つけている。 ・読みに関するアンケートをとる。 ・読むことに集中して30分以上読み続けることができる。 ・本を読んで考えたところに付箋を貼りながら読む。 ・各自が自分の目標を設定している。 ・自分が学んだことのなかから、「何を」「どのような形で」残すかを考えてポートフォリオにしている。
・同じタイトルの本を複数冊用意する。 　『バッテリー』 　『愛をみつけたうさぎ』 　『ジュマンジ』『ザスーラ』 　『2ひきのいけないアリ』 　『夏の庭』 　『ギヴァー』 　『クラバート』 　『大どろぼうホッツェンプロッツ』 　『二分間の冒険』 　『びりっかすの神さま』 　『チョコレート・アンダーグラウンド』 　『種をまく人』 　『ゲド戦記』 　『獣の奏者』	・次に読む本を決めている。 ・1冊読み終えたら、読書ノートに本の題名・作者・本についてのコメントを読書ノートに記録している。 ・1冊読み終えたら、途切れることなく次の本を読んでいる。 ・自分にあう方法を選びポートフォリオを残す。 ・読書ノートに継続して記録する。 ・読み終えたあとに、イラスト入りのポスターを作る。読み終えたあとに本についてのコメントを録音して残す。 ・本についての振り返りをビデオカメラで撮影して残す。 など自分にあう方法を選び、残す価値があると判断したものを蓄積していく。
谷川俊太郎 工藤直子 長田弘 金子みすゞ　などの詩の本 　『かいじゅうたちのいるところ』 　『名前のない人』『いまいましい石』 　『漂流物』『セクター7』 　『てん』	・たくさんの詩を読んで、自分が好きな詩を見つけている。 ・選んだ詩について、自分とのつながりを見つけたり、質問を考えたり、自分の考え・意見を書いたり、話したりできる。 ・ペアやグループの友達と詩を読み、そのよさを伝えあったり、詩の意味するところについて話し合ったりする。
・ブッククラブの候補の本を準備 　『モモ』 　『冒険者たち』 　『ダニーは世界チャンピオン』 　『愛をみつけたうさぎ』 　『だれも知らない小さな国』 　『クラバート』	・友達と読んで話し合ってみたい本を選ぶ。 ・ブッククラブの準備（みんなで決めた範囲を読むこと）をしっかり行い、話し合いに臨んでいる。 ・チームの話し合いを振り返り、読書ノートに話し合いを通して作品を読み深めようとしている。 ・「自分と本をつなげて読む」「本と本をつなげて読む」「問いを考えながら読む」「何度も繰り返し読むことで、行間を読み取る」などの読み方ができる。
	・自分のテーマに関連した本を3冊以上読んでいる。 ・自分のテーマに関連する本を読んで、学んだことをレポートにまとめる。

月	ユニット	ミニ・レッスン 教科書との関連
9	ノンフィクションを読む	・本のジャンルについて（フィクション・ノンフィクション） ・事実が書かれた本や新聞の説明文などを読んで、読むジャンルを広げる。 ・接続詞や文末表現に着目して筆者の主張を読み取る。 ・要約する・要旨をとらえる。 ・批判的に読む　書いてあることを疑う。
10	本を紹介する 自分が好きなジャンルを選び、おすすめの本を紹介する	・自分にあった方法で、おすすめの本を友達や家の人に紹介する。 ・書評の書き方 ・プレゼンのやり方 ・ポスター ・本の魅力をCMにして伝える。
11	読んだことを生活に活かす	・料理の本、時間の使い方、人間関係の本、生活の知恵、勉強術、ノート術、読書術、岩波ジュニア新書、「よりみちパンセ」シリーズ、お金について（税金、年金）、健康について（睡眠、病気など）、片付け術
12	ブッククラブ（ノンフィクション） 冬休みの読書計画を立てる	・自分とのつながりを考えながら読む。 ・大切なことを見極める。 ・自分の考えを伝える。 ・要約して本の紹介をする。
1	これまで学んだ読み方を生かして、より良い読み手になる	・効果的な読み方を意識して読む。 ・読んで考えたことを自分にあう方法で残す。 ・これまでのポートフォリオを振り返り、一番好きな本を自分に一番あった方法で紹介する。
2	ブッククラブ	・友達と話し合ってみたい本。 ・読み深めたい本を選ぶ。 ・自分たちで読む計画と話し合う計画の両方を立てる。
3	読書生活のまとめ 自分の成長を振り返る	・卒業後も本を読み続けるために必要なことを考える。

準備・環境 使う本・道具　扱うジャンル他教科との関連	評価 子どもを伸ばす評価　自分の授業を改善する評価
・ノンフィクションの絵本や写真絵本 ・星野道夫の本 　『森へ』 　『ダーウィンのミミズの研究』 　『アメリカ海岸地図を作った男たち』 　『素数ゼミの謎』 　『生命の樹』 　『雪の写真家ベントレー』 　『あなたがもし奴隷だったら…』 　『彼の手は語りつぐ』 　『二十一世紀に生きる君たちへ』 　『青い鳥文庫ができるまで』 　『心がぽかぽかするニュース』 　『たくさんのふしぎ傑作集』 ・理科・社会との関連（自然科学、歴史などの分野で）	・読んで分かったこと、見つけたこと、考えたこと、大切だと思ったことなどを、読書ノートに記録している。 ・本の内容を要約して友達に紹介することができる。 ・本に基づいて考え、自分の考えを伝えることができる。 ・フィクション、ノンフィクションのジャンルについて理解し、ノンフィクションの作品を進んで読もうとしている。 ・普段あまり読まない本にも挑戦し、読む本もジャンルを広げようとしている。 ・グループのみんなで深く話し合いたい話題を決めて（問いを立てて）、一つの話題について長く話し合うことができる。話し合うことを通して、新たな視点に気付いたり、より深く考えたりしている。
・自分たちにあう方法を選んで、本の魅力を伝えるために必要な物 ・各自のおすすめの本	・紹介された人が「読んでみたい」と思う発表になっているか。 ・あらすじや本の魅力を効果的に伝えているか。
・ノンフィクション、生活に役立つ情報が入った本を用意する。 ・「生活に生かせる」という視点で選んだ本を用意する。 　『よりみちパン！セ』シリーズ 　『齋藤孝の「ガツンと一発」シリーズ』 　『15歳の寺子屋』シリーズ	・読んで学んだことを読書ノートにメモし、実生活に役立てようとしている。 ・自分にとって大切な情報を選んでいる。
・『しっぽをなくしたイルカ』 ・『冬のデナリ』 ・『無人島に生きる十六人』 ・『子ぎつねヘレンのこしたもの』 ・『家族になったスズメのチュン』 ・『図書館ねこデューイ』 ・『エンデュアランス号大漂流』 ・『コンチキ号漂流記』 ・『アンネの日記』	・決められた範囲を確実に読み、あらすじや疑問点、みんなで深めたい話題、自分の考えなどを読書ノートにしっかり書いている。みんなで読み深めたい話題をはっきりさせてから話し合いに臨んでいる。 ・本に基づいて自分の考えを伝えることができる。 ・事実と意見・感想を分けて読むことができる。
・各自のおすすめの本 ・子どもたちのリクエストがあるなら、教室の図書コーナーの本を増やしたり、団体貸出を利用したりする。	・自分が選んだ情報を自分に合う方法で伝えている。 ・「つながりを考えながら読む」「質問を考えながら読む」「イメージを思い描きながら読む」などの読み方を意識している。
・子どもたちのリクエストや教師の選択により、ブッククラブで読む本を準備する。	・「自分と本をつなげて読む」「本と本をつなげて読む」「問いを考えながら読む」「何度も繰り返し読むことで、行間を読み取る」などの読み方ができる。 ・グループのみんなで深く話し合いたい話題を決めて（問いを立てて）、一つの話題について長く話し合うことができる。話し合うことを通して、新たな視点に気付いたり、より深く考えたりしている。
・読みに関するアンケート	・自分にあった方法で、これまでの読書生活や読んだ本、自分の成長を伝えることができる。

資料9　「読書家の時間」おすすめ本リスト

　読書家の時間の実践を進めるなかで、筆者たちが読み聞かせをしてきた本、教室の図書コーナーに置いたところ子どもたちが夢中で読んでいた本などを集めてみました。

読み聞かせ・考え聞かせで使った本
- 『てん』ピーター・レイノルズ／谷川俊太郎訳、あすなろ書房、2004年
- 『ロバのシルベスターとまほうのこいし』ウィリアム・スタイグ／瀬田貞二訳、評論社、1975年
- 『こしぬけウィリー』アンソニー・ブラウン／久山太市訳、評論社、2000年
- 『くまさぶろう』もりひさし／ユノセイイチ絵、こぐま社、1967年
- 『ゆめくい小人』ミヒャエル・エンデ／アンネゲルト・フックスフーバー絵／佐藤真理子訳、偕成社、1981年
- 『3びきのかわいいオオカミ』ユージーン・トリビザス／ヘレン・オクセンバリー絵／こだまともこ訳、冨山房、1994年
- 『とべバッタ』田島征三、偕成社、1988年
- 『メチャクサ』ジョナサン・アレン／岩城敏之訳、アスラン書房、1993年
- 『2ひきのいけないアリ』クリス・ヴァン・オールズバーグ／村上春樹訳、あすなろ書房、2004年
- 『ジュマンジ』クリス・ヴァン・オールズバーグ／辺見まさなお訳、ほるぷ出版、1984年
- 『漂流物』デイヴィッド・ウィーズナー、BL出版、2007年（文字のない絵本）
- 『セクター7』デイヴィッド・ウィーズナー、BL出版、2000年（文字のない絵本）
- 『レッドブック』バーバラ・レーマン、評論社、2008年（文字のない絵本）

低学年のおすすめ本

- 『だめよ、デイビッド！』デイビッド・シャノン／小川仁央訳、評論社、2001年
- 『びくびくビリー』アンソニー・ブラウン／灰島かり訳、評論社、2006年
- 『ぞうのホートンたまごをかえす』ドクター・スース／白木茂訳、偕成社、1983年
- 『ひみつのカレーライス』井上荒野／田中清代絵、アリス館、2009年
- 『トマトさん』田中清代、福音館書店、2006年
- 『おこだでませんように』くすのきしげのり／石井聖岳絵、小学館、2008年
- 『としょかんねずみ』ダニエル・カーク／わたなべてつた訳、瑞雲社、2012年
- 『やまんばあかちゃん』富安陽子／大島妙子絵、理論社、2011年
- 『もっかい！』エミリー・グラヴェット／福本友美子訳、フレーベル館、2012年
- 『どうぶつさいばん――ライオンのしごと』竹田津実／あべ弘士絵、偕成社、2004年
- 『なぞなぞのみせ』石津ちひろ／なかざわくみこ絵、偕成社、2011年
- 『びゅんびゅんごまがまわったら』宮川ひろ／林明子絵、童心社、1982年
- 『こんとあき』林明子、福音館書店、1989年
- 『わゴムはどのくらいのびるかしら？』マイク・サーラー／ジェリー・ジョイナー絵／きしだえりこ訳、ほるぷ出版、1976年
- 『だんごむし』布村昇指導／寺越慶司絵、フレーベル館、2007年
- 『エルマーのぼうけん』ルース・スタイルス・ガネット／ルース・クリスマン・ガネット絵／渡辺茂男訳、福音館書店、1963年
- 『番ねずみのヤカちゃん』リチャード・ウィルバー／大社玲子絵／松岡享子訳、福音館書店、1992年
- 『ドングリ山のやまんばあさん』富安陽子／大島妙子絵、理論社、2002年
- 『ふらいぱんじいさん』神沢利子／堀内誠一絵、あかね書房、1969年
- 『ネコのタクシー』南部和也／さとうあや絵、福音館書店、2001年
- 『ともだちからともだちへ』アンソニー・フランス／ティファニー・ビーク絵／木坂涼訳、理論社、2003年
- 『ストライプ――たいへんしましまもようになっちゃった』デイビッド・シャノン／清水奈緒子訳、セーラー出版、1999年

- 『ウエズレーの国』ポール・フライシュマン／ケビン・ホークス絵／千葉茂樹訳、あすなろ書房、1999年
- 『わたしのワンピース』西巻茅子、こぐま社、1969年
- 『たんたのたんけん』中川李枝子／山脇百合子絵、学習研究社、1971年
- 『としょかんライオン』ミシェル・ヌードセン／ケビン・ホークス絵、福本友美子訳、岩崎書店、2007年
- 『11ぴきのねこ』馬場のぼる、こぐま社、1967年
- 『14ひき』(シリーズ) いわむらかずお、童心社、1983年～
- 『ぼくのうちに波がきた』キャサリン・コーワン／マーク・ブエナー絵／中村邦生訳、岩波書店、2003年
- 『そのつもり』荒井良二、講談社、1997年
- 『おばけやしきへようこそ！』キッキ・ストリード／エヴァ・エリクソン絵／オスターグレン晴子訳、偕成社、1996年
- 『しつれいですが、魔女さんですか』エミリー・ホーン／パヴィル・パヴラック絵／江國香織訳、小峰書店、2003年
- 『ひとりぼっちのかいぶつといしのうさぎ』クリス・ウォーメル／吉上恭太訳、徳間書店、2004年
- 『冬ってわくわくするね』ウォン・ハーバート・イー／小野原千鶴訳、小峰書店、2012年
- 『こん虫のふしぎ』(シリーズ) 岡島秀治監修、ネイチャー・プロ編集室、偕成社、2011年～
- 『どうぶつのからだ』(シリーズ) 増井光子監修、ネイチャー・プロ編集室、偕成社、2010年～
- 『花のたね・木の実のちえ』(シリーズ) 多田多恵子監修、ネイチャー・プロ編集室、偕成社、2008年～
- 『はらぺこあおむし』エリック・カール／もりひさし訳、偕成社、1976年
- 『ピーターのいす』エズラ・ジャック・キーツ／木島始訳、偕成社、1977年
- 『にじいろのさかな』(シリーズ) マーカス・フィスター／谷川俊太郎訳、講談社、1995年～

- 『ありとすいか』たむらしげる、ポプラ社、2002年
- 『こぎつねコンとこだぬきポン』（フォア文庫）松野正子／二俣英五郎絵、童心社、1987年
- 『ちびゴリラのちびちび』ルース・ボーンスタイン／岩田みみ訳、ほるぷ出版、1978年
- 『もりのへなそうる』わたなべしげお／やまわきゆりこ絵、福音館書店、1971年
- 『おしいれのぼうけん』ふるたたるひ／たばたせいいち絵、童心社、1980年
- 『ロボット・カミイ』古田足日／堀内誠一絵、福音館書店、1970年
- 『はじめてのキャンプ』林明子、福音館書店、1984年
- 『とてもすてきなわたしの学校』ドクター・スース、J. プレラツキー／レイン・スミス、ドクター・スース絵／神宮輝夫訳、童話館出版、1999年
- 『たったひとつのねがいごと』バーバラ・マクリントック／福本友美子訳、ほるぷ出版、2011年
- 『ねぇどれがいい？』ジョン・バーニンガム／まつかわまゆみ訳、評論社、1983年
- 『王さまの竹うま』ドクター・スース／わたなべしげお訳、偕成社、1983年

中学年のおすすめ本

- 『マジック・ツリーハウス』（シリーズ）メアリー・ポープ・オズボーン／食野雅子訳、メディアファクトリー、2002年〜
- 『大どろぼうホッツェンプロッツ』オトフリート・プロイスラー／F. G. トリップ絵／中村浩三訳、偕成社、1970年
- 『ルドルフとイッパイアッテナ』斉藤洋／杉浦範茂絵、講談社、1987年
- 『チョコレート戦争』大石真／北田卓史絵、理論社、1970年
- 『流れ星におねがい』（フォア文庫）森絵都／武田美穂絵、童心社、2002年
- 『ぼく、ネズミだったの！　もう一つのシンデレラ物語』フィリップ・プルマン／ピーター・ベイリー絵／西田紀子訳、偕成社、2000年
- 『紳士とオバケ氏』たかどのほうこ／飯野和好絵、フレーベル館、2001年
- 『みどりのゆび』（岩波少年文庫）モーリス・ドリュオン／安東次男訳、岩波書店、1977年

- 『スープ』ロバート・ニュートン・ペック／松原健治絵／久米穣訳、金の星社、2001年
- 『トレモスのパン屋』小倉明／石倉欣二絵、くもん出版、1993年
- 『名前のない人』クリス・ヴァン・オールズバーグ／村上春樹訳、河出書房新社、1989年
- 『合言葉はフリンドル！』アンドリュー・クレメンツ／笹森識絵／田中奈津子訳、講談社、1999年
- 『ノラネコの研究』伊澤雅子／平出衛絵、福音館書店、1994年
- 『びりっかすの神さま』岡田淳、偕成社、1988年
- 『わすれられないおくりもの』スーザン・バーレイ／小川仁央訳、評論社、1986年
- 『絵くんとことばくん』天野祐吉／大槻あかね絵、福音館書店、2006年
- 『テラビシアにかける橋』キャサリン・パターソン／岡本浜江訳、偕成社、1981年
- 『がんばれヘンリーくん』ベバリイ・クリアリー／ルイス・ダーリング絵／松岡享子訳、学習研究社、1969年
- 『パンダの手には、かくされたひみつがあった！』山本省三／喜多村武絵／遠藤秀紀監修、くもん出版、2007年

高学年のおすすめ本

- 『ギヴァー――記憶を注ぐ者』ロイス・ローリー／島津やよい訳、新評論、2010年
- 『無人島に生きる十六人』（新潮文庫）須川邦彦、新潮社、2003年
- 『ビーバー族のしるし』エリザベス・ジョージ・スピア／こだまともこ訳、あすなろ書房、2009年
- 『トイレまちがえちゃった！』ルイス・サッカー／矢島眞澄絵／唐澤則幸訳、講談社、1998年
- 『愛をみつけたうさぎ――エドワード・テュレインの奇跡の旅』ケイト・ディカミロ／バグラム・イバトーリーン絵／子安亜弥訳、ポプラ社、2006年
- 『獣の奏者』（シリーズ）上橋菜穂子、講談社、2006〜2009年
- 『モギ――ちいさな焼きもの師』リンダ・スー・パーク／片岡しのぶ訳、あすなろ書房、2003年

- 『青い鳥文庫ができるまで』岩貞るみこ、講談社、2012年
- 『クラバート』オトフリート・プロイスラー／ヘルベルト・ホルツィング絵／中村浩三訳、偕成社、1980年
- 『くちぶえ番長』(新潮文庫) 重松清、新潮社、2007年
- 『マチルダは小さな大天才』ロアルド・ダール／クェンティン・ブレイク絵／宮下嶺夫訳、評論社、2005年
- 『綱渡りの男』モーディカイ・ガースティン／川本三郎訳、小峰書店、2005年
- 『鬼の橋』伊藤遊／太田大八絵、福音館書店、1998年
- 『チョコレート・アンダーグラウンド』アレックス・シアラー／金原瑞人訳、求龍堂、2004年
- 『豚の死なない日』ロバート・ニュートン・ペック／金原瑞人訳、白水社、1996年
- 『ぜつぼうの濁点』原田宗典／柚木沙弥郎絵、教育画劇、2006年
- 『ミカ!』(文春文庫) 伊藤たかみ、文藝春秋、2004年
- 『エンデュアランス号大漂流』エリザベス・コーディー・キメル／千葉茂樹訳、あすなろ書房、2000年
- 『夏の庭　The Friends』(新潮文庫) 湯本香樹実、新潮社、1994年

詩のおすすめ本 (低学年)

- 『のはらうた』(シリーズ) 工藤直子、童話屋、1984年〜
- 『がっこうのうた』ねじめ正一／いとうひろし絵、偕成社、2004年
- 『ぼくをいじめるとねえちゃんくるぞ』伊藤英治編／山本祐司絵、岩崎書店、2004年
- 『しゃべる詩あそぶ詩きこえる詩』はせみつこ編／飯野和好絵、冨山房、1995年
- 『どうぶつはいくあそび』きしだえりこ／片山健絵、のら書店、1997年

詩のおすすめ本 (中学年)

- 『どうぶつ句会』あべ弘士、学習研究社、2003年
- 『俳句はいかが』五味太郎、岩崎書店、1994年
- 『きんじょのきんぎょ』内田麟太郎／長野ヒデ子絵、理論社、2006年
- 『すき——谷川俊太郎詩集』谷川俊太郎／和田誠絵、理論社、2006年

- 『子どもの詩集　たいようのおなら』灰谷健次郎ほか編／長新太絵、のら書店、1995年
- 『こどものころにみた空は』工藤直子／松本大洋絵、理論社、2001年
- 『五つのエラーをさがせ！』木坂涼／渡辺洋二絵／水内喜久雄編、大日本図書、2000年
- 『あーちゃん』ねじめ正一、理論社、2006年

詩のおすすめ本（高学年）
- 『ゴミの日』アーサー・ビナード／古川タク絵、理論社、2008年
- 『おーいぽぽんた』茨木のり子［ほか］編／抽木沙弥郎絵、福音館書店、2001年
- 『詩ってなんだろう』谷川俊太郎、筑摩書房、2001年
- 『詩なんか知らないけど』糸井重里／中川いさみ絵／水内喜久雄編、大日本図書、2000年
- 『ポケット詩集』田中和雄編、童話屋、1998年
- 『そこにいますか』穂村弘編／西村敏雄絵、岩崎書店、2006年

子どもたちが選んだ年間ベスト10

＊上記リストにある本は書名のみ記載。

	2年生	4年生	6年生
1	『デイビッド』シリーズ（デイビッド・シャノン／小川仁央訳、評論社、2001年〜）	『獣の奏者』	『ギヴァー──記憶を注ぐ者』
2	『給食番長』シリーズ よしながこうたく、長崎出版、2007年〜）	『ぼくら』シリーズ（宗田理、ポプラ社、2007年〜）	『青空のむこう』（アレックス・シアラー／金原瑞人訳、求龍堂、2002年）
3	『マジック・ツリーハウス』シリーズ	火の鳥伝記文庫	『ビーバー族のしるし』
4	『ミロとまほうのいし』（マーカス・フィスター／谷川俊太郎訳、講談社、1998年）	星新一の本	『チョコレート・アンダーグラウンド』
5	『これはのみのぴこ』（谷川俊太郎／和田誠絵、サンリード、1979年）	『星の王子さま』（岩波少年文庫）（サン・テグジュペリ／内藤濯訳、岩波書店 1953年	『獣の奏者』
6		『長くつしたのピッピ』（岩波少年文庫）（リンドグレーン／大塚勇三訳、岩波書店、1990年）	『愛をみつけたうさぎ』
7		『まる子だった』（さくらももこ、集英社、1997年）	『モギ──ちいさな焼きもの師』
8		『こそあどの森の物語』シリーズ（岡田淳、理論社、1994年〜）	『ぼくらの七日間戦争』
9		『二分間の冒険』（岡田淳／太田大八絵、偕成社、1985年）	『くちぶえ番長』
10		はやみねかおるの本	『NASAより宇宙に近い町工場』（植松努、ディスカヴァー・トゥエンティワン、2009年）

ブッククラブで話し合いが深まった作品

（以下、上記リストにある本は書名のみ記載）

低学年

- 『エルマーのぼうけん』
- 『ぞうのホートンたまごをかえす』
- 『おばあさんのひこうき』佐藤さとる／村上勉絵、小峰書店、1966年
- 『ドングリ山のやまんばあさん』
- 『ネコのタクシー』
- 『くまさぶろう』
- 『ピーターのいす』

中学年

- 『ルドルフとイッパイアッテナ』
- 『流れ星におねがい』
- 『びりっかすの神さま』
- 『リキシャガール』ミタリ・パーキンス／ジェイミー・ホーガン絵／永瀬比奈訳、鈴木出版、2009年
- 『チームふたり』吉野万理子／宮尾和孝絵、学習研究社、2007年
- 『チョコレート戦争』
- 『霧のむこうのふしぎな町』（講談社青い鳥文庫）柏葉幸子／杉田比呂美絵、講談社、2004年
- 『大どろぼうホッツェンプロッツ』
- 『ふしぎな木の実の料理法』岡田淳、理論社、1994年
- 『マチルダは小さな大天才』
- 『こちら「ランドリー新聞」編集部』アンドリュー・クレメンツ／伊藤美貴絵／田中奈津子訳、講談社、2002年

高学年
- 『ビーバー族のしるし』
- 『ギヴァー――記憶を注ぐ者』
- 『愛をみつけたうさぎ　エドワード・テュレインの奇跡の旅』
- 『モギ――ちいさな焼きもの師』
- 『獣の奏者』
- 『ゲド戦記』アーシュラ・K．ル゠グウィン／清水真砂子訳、岩波書店、1976年
- 『豚の死なない日』
- 『無人島に生きる十六人』
- 『エンデュアランス号大漂流』
- 『ガラスの家族』キャサリン・パターソン／岡本浜江訳、偕成社、1984年
- 『テラビシアにかける橋』

その他、本書で紹介されている本のリスト

- 『どろんこハリー』ジーン・ジオン／マーガレット・ブロイ・グレアム絵／わたなべしげお訳、福音館書店、1964年
- 『デイビッドがっこうへいく』デイビッド・シャノン／小川仁央訳、評論社、2001年
- 『デイビッドがやっちゃった！』デイビッド・シャノン／小川仁央訳、評論社、2004年
- 『100万回生きたねこ』佐野洋子、講談社、1977年
- 『じごくのそうべえ』田島征彦、童心社、1978年
- 『あいさつ団長』よしながこうたく、長崎出版、2008年
- 『じてんしゃにのるアヒルくん』デイビッド　シャノン／小川仁央訳、評論社、2006年
- 『がいこつさん』五味太郎、文化出版局、1982年
- 『守り人』（シリーズ）上橋菜穂子、偕成社、1996年～
- 『まめうしとまめばあ』あきやまただし、PHP研究所、2006年
- 『スイミー――ちいさなかしこいさかなのはなし』レオ・レオニ／谷川俊太郎訳、好学社、1981年
- 「大造じいさんとガン」『椋鳩十動物童話集　第6巻』小峰書店、1990年
- 『シートン動物記（1）』（講談社青い鳥文庫）アーネスト・トムソン・シートン／清水勝絵／阿部知二訳、講談社、1985年
- 『虹色ほたる』川口雅幸、アルファポリス、2007年
- 『ミイラになったブタ――自然界の生きたつながり』スーザン・E・クインラン／ジェニファー・O・デューイ絵／藤田千枝訳、さ・え・ら書房、1998年
- 『完訳ファーブル昆虫記』（シリーズ）ジャン・アンリ・ファーブル／奥本大三郎訳、集英社、2005年～
- 『片耳の大鹿』（偕成社文庫）椋鳩十、偕成社、1975年
- 『母と子の20分間読書』椋鳩十、あすなろ書房、1987年
- 『のはらうたⅤ』工藤直子、童話屋、2008年

- 『かちかちやま（てのひらむかしばなし）』長谷川摂子／ささめやゆき絵、岩波書店、2004年
- 『ねずみくんの絵本』（シリーズ）なかえよしを／上野紀子絵、ポプラ社、1974年〜
- 『十五少年漂流記』（講談社青い鳥文庫）ジュール・ベルヌ／金斗鉉絵／那須辰造訳、講談社、1990年
- 『ロビンソン・クルーソー』D・デフォー／ベルナール・ピカール絵、坂井晴彦訳、福音館書店、1975年
- 『かいじゅうたちのいるところ』モーリス・センダック／じんぐうてるお訳、冨山房、1975年
- 『幽霊屋敷レストラン』松谷みよ子・怪談レストラン編集委員会／たかいよしかず絵、童心社、1996年
- 『ほしをめざして』ピーター・レイノルズ／のざかえつこ訳、岩崎書店、2010年
- 『若おかみは小学生』（講談社青い鳥文庫）令丈ヒロ子／亜沙美絵、講談社、2003年〜
- 『齋藤孝の「がつんと一発」シリーズ』齋藤孝、PHP研究所、2004年〜
- 『モモ』ミヒャエル・エンデ／大島かおり訳、岩波書店、1976年

読書家の時間を実践するのに参考となる本のリスト

- 『リーディング・ワークショップ』ルーシー・カルキンズ／吉田新一郎・小坂敦子訳、新評論、2010年
- 『ライティング・ワークショップ』ラルフ・フレッチャー＆ジョアン・ポータルピ／小坂敦子・吉田新一郎訳、新評論、2007年
- 『作家の時間』プロジェクト・ワークショップ編、新評論、2008年
- 『「読む力」はこうしてつける』吉田新一郎、新評論、2010年
- 『読書がさらに楽しくなるブッククラブ』吉田新一郎、新評論、2013年

プロジェクト・ワークショップとは

　欧米で主流になりつつある極めて効果的な教え方の一つであるワークショップの学び方・教え方を日本の実情にあった形で実践し、その学び方・教え方を各教科領域で普及させること。

　上記のことを目標にしたチーム、それが「プロジェクト・ワークショップ」です。本書は、その取り組みの第2弾となるものです。「シリーズ・ワークショップ」をお読みになって興味をもたれた方、実践してみたいと思われた方（また、すでに実践された方！）、ぜひ一緒に取り組んでいきませんか？　疑問や質問も、もちろん歓迎です。

　連絡先は、pro.workshop@gmail.com です。

　なお、2010年5月から、読み書き（リーディング・ワークショップとライティング・ワークショップ）をテーマにしたブログ（http://wwletter.blogspot.jp）も書き続けておりますので、ぜひご覧ください。

　メンバー一覧
　　都丸陽一　　（神奈川県相模原市立大島小学校）
　　冨田明広　　（神奈川県横浜市立宮谷小学校）
　　広木敬子　　（神奈川県横浜市立永田台小学校）
　　本田陽志惠　（東京都立八王子市立清水小学校）
　　小坂敦子　　（愛知大学法学部）
　　吉田新一郎　（プロジェクト・ワークショップ事務局）

《シリーズ・ワークショップで学ぶ》
読書家の時間 　　　　　　　　　　　　　　　　（検印廃止）

2014年4月25日　初版第1刷発行

編　者	プロジェクト・ワークショップ
企画者	吉田新一郎
	岩瀬直樹
協力者	小坂敦子
発行者	武市一幸

発行所　株式会社　新評論

〒169-0051 東京都新宿区西早稲田3-16-28
http://www.shinhyoron.co.jp
TEL 03 (3202) 7391
FAX 03 (3202) 5832
振替 00160-1-113487

落丁・乱丁はお取り替えします。
定価はカバーに表示してあります。

印刷　フォレスト
装丁　山田英春
製本　中永製本所

©プロジェクト・ワークショップ　2014　　　　　Printed in Japan
ISBN978-4-7948-0969-8

|JCOPY| 〈(社)出版者著作権管理機構 委託出版物〉
本書の無断複写は著作権法上での例外を除き禁じられています。複写される場合は、そのつど事前に、(社)出版者著作権管理機構（電話03-3513-6969、FAX03-3513-6979、E-mail: info@jcopy.or.jp）の許諾を得てください。

好評既刊

吉田新一郎
読書がさらに楽しくなるブッククラブ
読書会より面白く，人とつながる学びの深さ

読むことが好きになり，大きな学びを得られる読書法の実践指南。
［A5並製 240頁 2000円 ISBN978-4-7948-0928-5］

吉田新一郎
「読む力」はこうしてつける

優れた読み手の「読み方」を詳細分析，その身につけ方を指南。
［A5並製 208頁 1900円 ISBN978-4-7948-0852-3］

プロジェクト・ワークショップ 編
作家の時間
「書く」ことが好きになる教え方・学び方【実践編】

"ライティング・ワークショップ"，日本の教師たちの実践録。
［A5並製 216頁 1900円 ISBN978-4-7948-0766-3］

L.カルキンズ／吉田新一郎・小坂敦子 訳
リーディング・ワークショップ
「読む」ことが好きになる教え方・学び方

子どもが主体的な読み手として成長するための画期的授業法。
［A5並製 248頁 2200円 ISBN978-4-7948-0841-7］

R.フレッチャー＆J.ポータルピ／小坂敦子・吉田新一郎 訳
ライティング・ワークショップ
「書く」ことが好きになる教え方・学び方

「作家になる」体験を軸にした楽しくて新しい国語授業。
［A5並製 184頁 1700円 ISBN978-4-7948-0732-8］

＊表示価格はすべて税抜本体価格です

好評既刊

J.ウィルソン&L.W.ジャン／吉田新一郎 訳
「考える力」はこうしてつける
「思考力・判断力・表現力」を磨く授業の実践法を詳説。
[A5並製 208頁 1900円 ISBN4-7948-0628-0]

L.ローリー／島津やよい 訳
ギヴァー　記憶を注ぐ者
理想郷に見えた故郷の真実とは…近未来SFの名作が新訳で再生。
[四六上製 256頁 1500円 ISBN978-4-7948-0826-4]

L.ローリー／島津やよい 訳
ギャザリング・ブルー
魔法の指で未来を紡ぐ少女の，創造性を賭けた挑戦が始まる。
[四六上製 272頁 1500円 ISBN978-4-7948-0930-8]

A.リンドクウィスト&J.ウェステル／川上邦夫 訳
あなた自身の社会
スウェーデンの中学教科書
子どもたちに社会の何をどう伝えるか。皇太子激賞の詩収録！
[A5並製 228頁 2200円 ISBN4-7948-0291-9]

A.H.アンドレセン＋B.ヘルゲンセン＋M.ラーシェン／中田麗子 訳
新しく先生になる人へ
ノルウェーの教師からのメッセージ
生徒，保護者，同僚との出会いを間近にしたあなたへのエール。
[四六並製 204頁 1800円 ISBN978-4-7948-0785-4]

＊表示価格はすべて税抜本体価格です

好評既刊

国分一太郎
［復刻版］君ひとの子の師であれば
真の教育を追求するすべての人に贈る不朽の名著が待望の復活。
［四六並製　284 頁　2200 円　ISBN978-4-7948-0919-3］

宮原洋一［写真・文］
もうひとつの学校
ここに子どもの声がする
昭和 40 年代半ばの「あそび」の世界から見えてくる学びの原点。
［A5 並製　230 頁　写真多数　2000 円　ISBN4-7948-0713-9］

中野　光・行田稔彦・田村真広 編著
あっ！ こんな教育もあるんだ
学びの道を拓く総合学習
「学ぶことと生きること」が結びついた教育をめざす各地の実践。
［四六並製　304 頁　2200 円　ISBN4-7948-0704-X］

野呂洋子
銀座の画廊巡り
美術教育と街づくり
無料の美術館＝画廊を起点に，美術教育と街づくりを結ぶ。
［四六並製　284 頁　2400 円　ISBN978-4-7948-0882-0］

松田道雄
［輪読会版］駄菓子屋楽校
あなたのあの頃，読んで語って未来を見つめて
「駄菓子屋」を軸に，人生と社会の未来像を描くための車座読本。
［四六並製　368 頁　2700 円　ISBN978-4-7948-0781-6］

＊表示価格はすべて税抜本体価格です